Regional
Economy Vitalization
Corporation of
Japan

REVICによる地域の再生と活性化

株式会社 地域経済活性化支援機構［著］

一般社団法人 金融財政事情研究会

はじめに

代表取締役社長　瀬谷　俊雄

　株式会社地域経済活性化支援機構は、リーマンショック以降、わが国の経済、特に、地域経済の低迷が長期にわたって続くなか、地域の再生現場の強化や地域経済の活性化を図ることなどが大きな課題となっていることを背景に、2013年3月、前身の企業再生支援機構を改組し、従前からの有用な経営資源を有しながら過大な債務を負っている中小企業者等の事業の再生支援に加えて、地域経済の活性化に資する事業活動に対する支援を担う支援機関としての新たな使命を与えられて再出発いたしました。以来、当機構は、事業再生ファンドおよび地域活性化ファンドによるリスクマネーの供給（特定経営管理業務）、事業再生等の専門的なノウハウをもった人材の派遣（特定専門家派遣業務）など、新たな業務機能も活用しながら、地域の再生現場の強化と地域活性化に資する支援に積極的に取り組んでいます。

　現在、第三次安倍政権が、強力に推進している重要政策（アベノミクス）に関連して、2014年6月に閣議決定した「経済財政運営と改革の基本方針について」（「骨太の方針」）では、地域の活性化について、「アベノミクスの効果を全国津々浦々まで波及させるとともに、地域の発意を活かし魅力ある地域づくりを進めることで、地域産業を活性化し、地域経済での好循環の実現を図る」という方針が示されており、同時に公表された新成長戦略（「『日本再興戦略』改訂2014―未来への挑戦―」）では、当機構の役割が、随所に指摘されています。当機構は、設立根拠法の定めるところに従い、また、上記のようなわが国政府の方針をふまえつつ、与えられたミッションを、スピード感をもって遂行していく所存です。

　最後に、本書では、当機構の設立趣旨や業務内容、当機構がこれまでに行った数々の事業実績を記載させていただいております。本書を通じて、近

時のきわめて厳しい経済環境のもとで健闘されている事業会社、金融機関ほか関係者の皆様方の、当機構に対するご理解が深まることを期待し、ぜひとも、当機構を積極的にご活用いただきたいと願っております。

『REVICによる地域の再生と活性化』の刊行に寄せて

地域経済活性化支援委員長　松嶋　英機

　私は2013年4月4日、REVICの社外取締役兼地域経済活性化支援委員長に就任した。つまり、中小企業金融円滑化法が終了した2013年3月31日の直後であった。私は九州の地方都市の出身であり、帰省する度にシャッター通りを歩いては、「なんとかしなければならない」と嘆いていたのである。そこへ委員長就任の話である。万難を排してやらねばならないと覚悟を決めた次第である。

　昭和30年代は県庁所在地の都市は当然ながら、あらゆる地方都市のアーケード街は人であふれ、デパート、映画館、飲み屋街は老若男女でにぎわっていた。工場の煙突からは黒煙が吹き出ており、自転車でタバコを吹かしながら通勤する労働者も多かった。貧しくとも活気があった。ところで現在の地方の市町村はどうなっているか。

　人口減少、少子高齢化、若年層の都市への流出、企業の海外移転など地方の衰退に歯止めがかからない状況である。私はずいぶん以前より、日本の人口減少問題には関心があり、「人口減少と地域経済」というファイルを作成している。日本経済新聞2013年8月29日付朝刊によれば、2013年3月31日現在で、対前年度47都道府県別人口増減は、8都道府県のみが増加で39都道府県が減少である。もちろん日本全体でも人口減少である。そこへもってきて、2014年5月8日の「日本創成会議・人口減少問題検討分科会」のショッキングな発表である。内容は2040年には日本全国の1,800の市町村のうち、896は消滅する可能性があるというものである。中央公論2014年6月号には具体的市町村名まで記載されており、私の知っている市町村名も並んでいる。

　私は昨年4月、REVICの支援委員長就任の挨拶で、「限界集落という言葉

があるが、日本の市町村を限界市町村にしてはならない。それがREVICの使命の一つである」と話したことがある。

　日本の経済は385万社（中小企業庁ホームページ）ともいわれる中小企業の存在なくしては成り立たない。そしてその大半が存在する地方の経済が活性化しない限り、日本の社会も経済も健全とはいえないのではないか。最近の通販のDVDには、地方の風景や生活をテーマにして「ここに日本の原風景があり、あなたの遠い記憶が甦る」などと喧伝している。しかし、いまはアーケード街の雑踏もなければ、鼻たれ小僧もいないのである。私どもはノスタルジアに浸る暇はないのではないか。

　REVICの使命は地域経済の活性化である。REVICが法律改正を受けて発足した時は、中小企業金融円滑化法が終了しようとしている2013年3月中旬である。当時は同法の適用を受けている中小企業は30万社ないし40万社あり、うち5万社ないし6万社は事業再生・転廃業等の支援が必要といわれていた。そこで、REVICは中小企業の再生に取り組んだのである。しかしそれだけでは十分とは言いがたい。政府はREVIC発足後1年経った頃より、「再生」に加えて「活性化」に力を入れ始めた。私も経営危機にある中小企業を何とか再生させるだけでは、地域社会や地域経済の活性化には不十分であると考えていたので、この方向性にはまったく同感である。地域経済の活性化には、若者をはじめとする老若男女の雇用の場の確保が不可欠である。その雇用の場は現在の中小企業の再生のみではまったく不十分であり、新規事業の立上げ、すなわち起業が必要となる。日本の開業率は年間4.6％と、欧米の10％台（2014年版中小企業白書）に比較して少なすぎる。REVICは国民の負託で運用されているので、慎重な再生・活性化支援が必要なことはいうまでもない。しかし、石橋を叩いて渡るどころか、何回も叩いたうえに引き返すようでは使命は達成できない。慎重に検討した後は少々のリスクはとって、ダイナミックに事を押し進めていきたいものである。REVICは2014年4月以降、再生・活性化へのエンジンがかかってきたようで実に頼もしい限りである。

【執筆者等一覧】

■執筆者

今井　信義〔コラム「初動対応の重要性」〕
　1949年生まれ、中央大学法学部卒。千葉銀行代表取締役専務執行役員、中央証券代表取締役社長・同会長等を経て、現在、地域経済活性化支援機構　専務取締役。

川上　尚貴〔コラム「REVICの組織面での『進化』について」〕
　1961年生まれ、東京大学法学部卒。旧大蔵省入省後、金融庁銀行第二課長、広島国税局長、地域経済活性化支援機構　専務執行役員等を経て、現在、関東信越国税局長。

櫻田　浩一〔第1章〕
　1961年生まれ、東京大学経済学部卒。マサチューセッツ工科大学修士（経営学）。スミス・バーニー、モルガン・スタンレー（現三菱UFJモルガン・スタンレー証券）、ドイツ証券を経て、現在、地域経済活性化支援機構　常務取締役。

鈴木　学〔第5章1、第6章〕
　1970年生まれ、慶應義塾大学法学部卒。フォーダムロースクールLL.M.。第二東京弁護士会所属弁護士、中小企業診断士。現在、地域経済活性化支援機構　常務取締役兼西村あさひ法律事務所パートナー。

保井　俊之〔第2章〕
　1962年生まれ、東京大学教養学科卒。国際基督教大学博士（学術）。旧大蔵省入省後、金融庁参事官、財務省地方課長等を経て、現在、地域経済活性化支援機構　専務執行役員。慶應義塾大学大学院システムデザイン・マネジメント研究科特別招聘教授（無給・非常勤）を兼務。

渡邊　准〔第3章、第4章、第5章2、3、4〕
　1972年生まれ、中央大学法学部卒。公認会計士。監査法人トーマツ、産業再生機構、あずさ監査法人パートナー、企業再生支援機構マネージングディレクターを経て、現在、地域経済活性化支援機構　常務取締役。

■執筆補助者

　有村　秀幸、及川　　真、九川　謙一、木谷　祥子、国沢　　勉、小正　寛隆、
　古村　　將、近藤　真弘、高杉　信匡、高田健三郎、竹山　智穂、田中　雅範、
　中井　一郎、中桐　　悟、羽田　雅史、廣瀬　泰文、鷲野　泰宏

（注）　本書は共著者が分担してボランティアで執筆しており、記述のうち意見に係る部分は、各共著者の私見です。

目　次

第1章　地域経済活性化支援機構(REVIC)の設立経緯

1　政策の背景…………………………………………………………2
2　成長戦略との関連性………………………………………………5
3　REVICが考える地域経済活性化のコンセプト…………………6
4　REVICの組織体制…………………………………………………8

第2章　地域金融機関との連携

1　地域金融機関との連携の意義……………………………………12
2　政府の「骨太の方針」および成長戦略における連携の位置づけ………13
3　地域金融機関にとっての連携の有用性…………………………13
4　連携の具体的取組み………………………………………………14
5　地域金融機関向け研修会、出向者の受入れ……………………16
6　協同組織金融機関との協力関係…………………………………17
7　REVICの今後のミッションと取組み……………………………18
　〈コラム〉　REVICの組織面での「進化」について……………21

第3章　地域経済活性化支援機構の業務内容

1　特定専門家派遣……………………………………………………27
　(1)　業務内容………………………………………………………27
　(2)　特定専門家派遣のメリット…………………………………30
　(3)　派遣実績………………………………………………………30
　(4)　今後の特定専門家派遣の展開………………………………30

〈コラム〉　初動対応の重要性··································35
　2　特定経営管理（ファンド運営業務）························36
　　(1)　業務内容···36
　　(2)　共同運営方式···38
　　(3)　合弁方式··40
　　(4)　特定経営管理のメリット···································41
　3　特定組合出資··42
　　業務内容···42
　4　事業再生支援··45
　　(1)　業務内容···45
　　(2)　再生支援決定基準··45
　　(3)　支援対象となる事業者······································47
　　(4)　事業再生支援業務のメリット·····························48
　　(5)　業務の流れ··50
　　(6)　事業再生計画の作成プロセス·····························55
　　(7)　その他留意事項··63
　　Appendix　事業再生計画の記載内容························66
　5　特定支援··72
　　(1)　業務内容···72
　　(2)　業務の流れ··77
　　(3)　特定支援のメリット···78
　6　特定信託引受け··79
　　(1)　業務内容···79
　　(2)　特定信託引受けのメリット································81
　7　特定出資（事業再生子会社支援業務）·······················81
　　(1)　業務内容···81
　　(2)　特定出資のメリット···84

第4章 地域活性化ファンド

1 REVICが目指す地域活性化……………………………………88
  (1) 地域の実情………………………………………………88
  (2) リスクマネーの供給体制………………………………89
  (3) 地域活性化ファンドの取組テーマ……………………90
2 観　　光………………………………………………………92
  (1) 着地型ビジネスモデルへの転換………………………92
  (2) 観光バリューチェーンに基づく観光活性化…………93
  (3) 観光マザーファンドの組成……………………………95
3 ヘルスケア……………………………………………………99
  (1) ヘルスケア産業の政策の方向性………………………99
  (2) 地域ヘルスケア産業支援ファンドの設立……………100
4 ものづくり企業をはじめとする地域中核企業………………102
5 地域金融機関支援型の活性化ファンド………………………106

第5章 事業再生支援の実績

1 事業再生の取組実績…………………………………………112
  (1) 業種別、規模別の実績…………………………………112
  (2) REVICの関与別の実績…………………………………114
  (3) ハンズオンの考え方……………………………………115
2 事業再生事例…………………………………………………117
  (1) 照明器具の開発・販売業者（A社）……………………117
  (2) 病院（B法人）……………………………………………121
  (3) 水産加工業者（C社）……………………………………124
  (4) 印刷業者（D社）…………………………………………128
  (5) 電子部品受託製造業者（E社）…………………………132

- 3 病院の事業再生……………………………………………………136
  - (1) 病院を取り巻く経営環境………………………………………136
  - (2) 病院の事業再生のポイント……………………………………137
- 4 事業再生ファンド………………………………………………138
  - (1) 事業再生ファンドの組成………………………………………138
  - (2) 事前調整型と事後調整型………………………………………140
  - (3) 投資スタイル……………………………………………………141

参考法令等

- ●株式会社地域経済活性化支援機構法……………………………144
- ●株式会社地域経済活性化支援機構法施行令……………………163
- ●株式会社地域経済活性化支援機構法施行規則…………………165
- ●株式会社地域経済活性化支援機構支援基準……………………175

事項索引………………………………………………………………181

第1章

地域経済活性化支援機構(REVIC)の設立経緯

地域経済活性化支援機構（以下、「REVIC」または「機構」）は、わが国の地域経済の構造的課題の克服のために設立された官民合同の組織である。本章では、その設立に関する政策的背景、政府成長戦略との関連性、その志向する地域経済活性化のコンセプト、そしてその組織・人員体制について述べる。

1　政策の背景

　REVICは、2009年10月14日に企業再生支援機構法に基づき成立した企業再生支援機構（「ETIC」）を、抜本的に改組・機能拡充し、2013年3月18日に業務を開始した国の認可法人である。ETIC設立当時の政策的背景は以下に要約される。

・地域経済の構造的課題（グローバル経済化による競争激化、少子高齢化等）
・いわゆるリーマンショックに象徴される、当時の金融経済情勢の急速かつ大幅な悪化
・上記によって厳しい局面にある地域経済の窮境を打開するために、事業再生の取組みに対する支援拡充の必要性

　ETICは、このような情勢に対応すべく、2009年10月の設立から原則2年以内に支援決定、そして支援決定から原則3年以内に支援完了、という時限性をもった組織として活動を開始した。「有用な経営資源を有しながら、過大な債務を負っている」事業者について、財務の再構築を図るとともに、事業の競争力を回復させ、その持続可能性の向上を支援することを目的として、資本金200億円、市中からの政府保証（上限1兆6,000億円、後に1兆円）付きの借入れにより事業資金を調達し、2013年3月までに計28件の支援決定と総額3,979億円の出融資を行った。

　その間、金融危機に伴う経済収縮に苦しむ中小企業を金融面から支援するための中小企業金融円滑化法（「金融円滑化法」）の最終延長が2013年3月31

日までと決定されたことに対応し、2012年3月31日に企業再生支援機構法が改正された。この改正で、中小企業の経営改善・事業再生の促進を図り、金融機関によるコンサルティング機能のいっそうの発揮を後押しするため、2009年10月のETIC設立から原則として2年以内に支援決定することとされていた支援決定期限が延長され、2013年3月末まで（あらかじめ主務大臣の認可を受けた事業者に対しては、2013年9月末まで）支援決定ができることとなった。さらに2012年4月20日に示された政府の「中小企業金融円滑化法の最終延長を踏まえた中小企業の経営支援のための政策パッケージ」においても、ETICはその中小企業の事業再生支援機能を拡充し、加えて中小企業再生支援協議会との連携を強化することによって、金融円滑化法後の情勢に備えるものとされた。

　その後も厳しい状況の続くわが国の地域経済に対し、ETICの保有する事業再生ノウハウの地域への積極的な提供に加え、そのようなノウハウを役立てた地域経済の活性化推進が喫緊の政策課題となっているという認識に基づき、2012年11月30日に閣議決定された「日本再生加速プログラム」と2013年1月11日に閣議決定された「日本経済再生に向けた緊急経済対策」では、ETICの抜本的改組と機能拡充がうたわれ、2013年2月26日、「企業再生支援機構法の一部を改正する法律」が成立し、生まれ変わったREVICが、同年3月18日に業務を開始した。新しいREVICの根拠法である「地域経済活性化支援機構法」（以下、「機構法」）に基づく活動期間は10年間とされ、厳しい経済情勢のもと疲弊している地域経済において、再生現場の強化を図るとともに、新事業・事業転換を目指す企業や地域活性化事業を担う企業をさらに力強く支援するためとして、個別企業の事業再生支援という従来からの機能に加え、以下の機能が追加された。

・事業再生・地域活性化ファンドの運営会社の設立・経営管理（「特定経営管理」）
・金融機関等に対する専門家の派遣（「特定専門家派遣」）
・非メイン行の貸付債権の信託引受け（「特定信託引受け」）

・事業再生支援会社に対する出融資(「特定出資」)

　さらに、2013年12月5日に閣議決定された「好循環実現のための経済対策」においては、競争力強化ための投資促進政策としてのREVICの出資機能の強化と、中小企業・小規模事業者の活力発揮に資するために2013年12月5日に公表された「経営者保証に関するガイドライン」の利用促進がうたわれた。これを受けて、機構法の一部を改正する法律が2014年5月9日に成立

図表1－1　REVICの沿革

2008年	9月15日	リーマン・ブラザーズ破綻
2009年	10月14日	企業再生支援機構(ETIC)設立
	11月30日	金融円滑化法成立
2011年	3月31日	金融円滑化法の期限を1年延長する改正法成立・施行
2012年	3月31日	ETICの支援期限を延長する企業再生支援機構法改正
	11月30日	「日本再生加速プログラム」閣議決定
2013年	1月11日	「日本経済再生に向けた緊急経済対策」閣議決定
	2月26日	改正企業再生支援機構法が成立(地域経済活性化支援機構法に改題)
	3月6日	地域経済活性化支援機構法公布
	3月18日	地域経済活性化支援機構(REVIC)業務、特定経営管理業務、特定出資業務、特定専門家派遣業務および特定信託引受業務の開始
	3月31日	金融円滑化法終了
	12月5日	「好循環実現のための経済対策」閣議決定 「経営者保証に関するガイドライン」公表
2014年	5月9日	REVICの機能を拡充する改正機構法成立
	6月24日	「『日本再興戦略』改訂2014―未来への挑戦―」閣議決定 「経済財政運営と改革の基本方針について」(「骨太の方針」)閣議決定
	10月14日	改正機構法施行 特定組合出資業務、特定支援業務の開始

し、REVICにはさらに以下のような機能の拡充が施され、現在に至っている（図表1－1参照）。
・事業再生・地域活性化ファンドに対するLP出資（「特定組合出資」）
・経営者保証の付された貸付債権などの買取り（「特定支援・特定債権買取」）
・上記の特定専門家派遣先の範囲を、REVICが関与するファンドなどの投資先事業者に拡大

　このように俯瞰すると、REVICは、その前身であるETIC時代を含めたこの5年弱の間に、わが国の地域経済の構造的課題の克服、という首尾一貫した政策目的に沿って、個別企業の再生支援から始まり、ファンドによる中堅中小企業の活力発揮支援と経営者の再チャレンジ支援を通じた地域活性化の積極支援にまで、その活動領域を広げてきたことがわかる。直近に加えられた機能である特定組合出資と特定支援の実務は、2014年10月から開始され、民間資金の呼び水としての特定組合（LP）出資を通じたリスクマネー供給の促進と、経営者保証に関するガイドラインに基づく経営者保証債務の整理、経営者の再チャレンジ支援のベストプラクティスを積み上げている。

2　成長戦略との関連性

　わが国の成長戦略、いわゆる「アベノミクスの第三の矢」とREVICとの関連は、2014年6月24日に閣議決定された「『日本再興戦略』改訂2014―未来への挑戦―」において、以下が盛り込まれていることにより示されている。
・地域金融機関等によるREVIC等を通じた地域企業の経営における専門人材の活用に重点的に取り組むとともに、REVICによる地域の核となる企業の早期経営改善等を支援するファンドの設立・資金供給の促進を図る。
・ヘルスケア産業に対して資金供給および経営ノウハウの提供等を行い、新たなビジネスモデルの開発・普及を促していくため、REVICにおいて、

「地域ヘルスケア産業支援ファンド（仮称）」を年度内に創設し、地域におけるヘルスケア産業の創出・拡大の支援を図る。
・観光庁およびREVICが相互に連携・協力のもと、観光を対象とした地域経済活性化ファンドを活用し、観光を軸とした地域活性化モデルを構築する。

　REVICは、個別の事業再生の支援と地域に根差した再生支援・活性化ファンドを通じた地域活性化、という手法に加え、過去の事業再生経験から培ったノウハウ・専門人材リレーションシップを最大限に活用でき、各地域の活性化ニーズに柔軟に対応できる手法について検討を重ね、テーマ別地域活性化ファンドを設立するという構想を抱くに至った。その第一歩として、観光産業というテーマに特化した「観光活性化マザーファンド」を、日本政策投資銀行（「DBJ」）とリサ・パートナーズとともに2014年4月1日に設立した。次に、成長余地の大きい医療・ヘルスケア産業に特化した「地域ヘルスケア産業支援ファンド」を、メガバンクと地域金融機関とともに2014年9月1日に設立し、投資・支援業務を開始している。さらに、この方向性に沿ってわが国の優れた「ものづくり」等を担う地域の中核企業の活性化支援に特化したファンドの設立も検討している。REVICは、今後このようなテーマ型地域活性化ファンドを活用して専門人材とリスクマネーを早期に地域に投入し、地域の中核企業群を支援・育成することにより、地域経済の底上げにさらなる貢献を果たすことを希求している。

3　REVICが考える地域経済活性化のコンセプト

　REVICの掲げる「事業運営の基本方針」は以下のとおりである。

1．先導的な事業再生・地域活性化モデルの創造……個別企業の再生のみならず、地域産業や企業グループなどの一体的再生や業態変革・業

界再編なども視野に入れ、官民の英知を結集し成功事例を創出することで、経済の新陳代謝と活性化に資する先導的なモデルの創造に取り組みます。
2．事業再生・地域活性化ノウハウの蓄積と浸透……機構が持つ多様な枠組み・機能や他の支援機関との連携などにより、事業再生・地域活性化ノウハウの全国的な蓄積と浸透を図ることを通じて、地域において自律的かつ持続的に事業再生・活性化が行われるよう、触媒としての機能を果たします。
3．専門人材の確保と育成、および地域への還流……事業再生・地域活性化に不可欠な専門人材と経営人材の確保と育成を図るとともに、地域にこうした人材を還流させる機能を果たします。

また、政府が2014年6月24日に閣議決定した「経済財政運営と改革の基本方針について」（いわゆる「骨太の方針」）においても、「地域の自立的な発展を強化していくうえで、重要な役割を果たす地域金融機関について、地域に根差した企業の事業性に着目した融資や経営支援の能力向上を含め体質の強化を促すとともに、REVIC等の機能を活用し、地域産業の再生や新陳代謝等を進め振興を図る」という考え方が示された。

REVICの考える地域活性化は、地域金融機関を含む地域の関係者と協働し、次のような潮流をつくりだすことにある。

・事業再生を目指す企業に関しては、円満な退出を含む事業の選択と集中、事業の再編を通じて、足腰の強い経営体の構築と、地域における過剰供給構造の是正を促進する。
・新事業・事業転換を目指す企業・経営者に関しては、専門人材とリスクマネーの提供、さらには保証債務の整理を通じた再チャレンジの後押しを行い、地域における企業活動の循環を促進する。
・これらを通じて、地域に健全な企業群を育成し、十分な雇用を確保・創出する。

このような活動に必要な道具立ては、この2年間の法整備によって着実に充足されてきており、今後REVICは、個別企業の再生支援に加えて、地域金融機関や投資先企業などへの専門家派遣、活性化ファンドの無限責任組合員（以下、「GP」）や有限責任組合員（以下、「LP」）としてのリスクマネーと人材の供給、経営者保証付債権の買取り等による転廃業支援と経営者の再チャレンジ支援の活動を通じて、REVICの考える地域経済活性化を着実に進展させる所存である。

4　REVICの組織体制

　REVICは、現状図表1－2に示す組織に、235名（2014年12月1日現在）の人員を擁して活動している。

　REVICにおける施策の基幹意思決定機関は地域経済活性化支援委員会（「委員会」）である。委員会はすべての特定組合（LP）出資、REVICの取締役から委任を受けた特定支援、および主務大臣の認定を受けた「大規模な事業者」（またはREVICの取締役会から委任を受けた事業者）に対する再生支援についての判断を公正中立な立場から最終的に担う役割を負った機関であり、委員長1名を含む委員の数は5名、委員の過半数（うち4名）は各界の有識者である社外取締役で構成されている。

　取締役会は、上記の委員会決定が必要な事案以外のREVICの機関決定を行う。取締役は現在、常勤取締役5名に加え、上記の社外取締役4名、監査役3名を擁し、社長と専務取締役が代表権を有している。

　プロフェッショナルオフィスは、中堅以上の個別企業の再生に関する実務を主に行い、現在民間から登用された弁護士、公認会計士、金融機関・ファンド出身者、コンサルタント等計61名（2014年12月1日現在）の人員を擁している。製造業・非製造業を問わず、事業再生の専門家の集団であり、その知見は活性化ファンド業務にも活用されている。

図表1-2 組織図

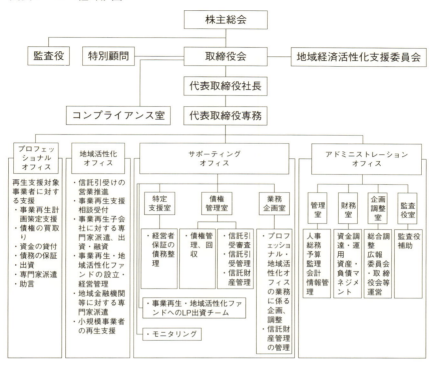

　地域活性化オフィスは、事業再生・地域活性化ファンドの設立・経営管理、専門家派遣、特定信託引受け、特定出資に関する実務、小規模（医療法人、学校法人、社会福祉法人等を含む）事業者の再生支援を行い、現状民間から登用された弁護士、公認会計士、金融機関・ファンド出身者、コンサルタント等計96名（2014年12月1日現在）の人員を擁している。事業再生、成長支援とファンド組成・運営の専門家が集っている。

　サポーティングオフィスは、いわゆるミドルオフィスとして、REVICの資産の管理、モニタリング、業務企画等を行っている。また、アドミニストレーションオフィスは、いわゆるバックオフィスとして、人事・総務・予算・監理・会計・IT等の管理、財務、またREVIC外部の諸官庁等との調整

等をつかさどっている。

　事業再生・活性化に関する相談の受付体制については、相談窓口として12名の専門家が地域別担当チームを編成して対応しているほか、信用金庫・信用組合からの事業再生・地域活性化に関する専門相談窓口を設けている。また、2013年10月には大阪オフィスを開設し、関西地区を中心とした西日本の相談受付等の強化を図っている。さらに2014年11月には福岡に拠点を新たに開設した。そして、2014年秋から業務が始まった経営者保証の付された貸付債権などの買取り（「特定支援・特定債権買取」）と事業再生・地域活性化ファンドに対するLP出資（「特定組合出資」）を行う組織に関しては、各々「特定支援室」と「事業再生・地域活性化ファンドへのLP出資チーム」が、サポーティングオフィス内に設置され、こうした業務を遅滞なく開始している。

　地域活性化に不可欠な専門人材と経営人材を確保し育成すること、そして地域にそれらの人材を還流させることは、REVICの重要な使命の一つであり、REVICには引き続き、地域を活性化するという志の高い専門人材および経営人材を、官民問わず積極的に登用する所存である。

第 2 章

地域金融機関との連携

第1章で触れたように、2013年3月の法改正により、「ETIC」は、「REVIC」に名を改め、事業再生支援に加え地域経済活性化支援に資する機関として、新たなスタートを切ることになった。第2章では、新しいスタートを切ったREVICがこの組織改編と機能拡充により、どのように地域金融機関との連携をより充実することになったかについて述べる。

　具体的には、REVICと地域金融機関の連携について、その意義、政府方針における位置づけ、地域金融機関にとっての有用性、連携の具体的取組み、地域金融機関向け研修会開催と出向者の受入れ、ならびに協同組織金融機関との協力関係、の7節に分けて解説していく。

1　地域金融機関との連携の意義

　地域経済の活性化のためには、地域における事業再生や地域活性化の事業活動に対する支援を持続的かつ効果的に行う必要がある。REVICは持続的かつ効果的に地域経済を支援するため、地域経済金融の要である地域金融機関との連携を最も重要な活動と位置づけている。その活動の性格は地域金融機関の機能の補完という、民業補完である。REVICの活動は、リスクマネーの供給が不十分な分野または地域へのリスクマネーの効果的かつ重点的な供給であり、地域金融機関のみでは対応が困難な事業再生案件への対応や、地域金融機関と共同でのファンド設立および運営を行っている。そこで強調されるのは、地域金融機関との連携により、地域金融機関が行う地域の中小・中堅企業等の事業再生および地域活性化を支援することであり、支援ナレッジの移転である。その意味で、REVICは地域の民間金融機関の出融資の量的補完ではなく、民間資金の呼び水効果と事業再生および地域活性化のナレッジの補完を目指している。

2 政府の「骨太の方針」および成長戦略における連携の位置づけ

　政府は、地域活性化におけるREVICと地域金融機関の連携を強く期待している。

　すなわち、政府が2014年6月24日に閣議決定した「経済財政運営と改革の基本方針について」（いわゆる「骨太の方針」）は地域活性化の節において、「地域の自立的な発展を強化していくうえで、重要な役割を果たす地域金融機関について、地域に根差した企業の事業性に着目した融資や経営支援の能力向上を含め体質の強化を促すとともに、地域経済活性化支援機構等の機能を活用し、地域産業の再生や新陳代謝等を進め振興を図る」と述べている。

　さらに、同日の閣議決定で改訂された政府の成長戦略、すなわち「『日本再興戦略』改訂2014―未来への挑戦―」においては、「地域活性化・地域構造改革の実現／中堅企業・中小企業・小規模事業者の革新」の節において、「地域金融機関等による地域経済活性化支援機構等を通じた地域企業の経営における専門人材の活用に重点的に取り組むとともに、同機構による地域の核となる企業の早期経営改善等を支援するファンドの設立・資金供給の促進を図る」とされている。

　政府の「骨太の方針」ならびに「成長戦略」はこのように、地域金融機関がREVICと連携し、REVICの機能を積極的に活用するように促している。

3 地域金融機関にとっての連携の有用性

　地域の経済にとって、地域金融機関がREVICと連携して地域の中核的中堅企業等の事業再生や地域活性化の支援を行うことには、次のような三つの有用性が存在する。

　第一に、地域金融機関は連携により、地域の事業再生および地域活性化活

動に関する先導的なモデルを協創することができる。

　第二に、REVICが有する事業再生および地域活性化のナレッジが、具体的な再生および活性化の事例を通じて、その地域に蓄積かつ浸透することで、地域金融機関が自ら自律的かつ持続的に事業再生および活性化を行う助けとなる。

　第三に、地域金融機関が創造する再生および活性化事例において、たとえばREVICからの専門家の派遣等を通じて、その地域に不可欠な事業再生および地域活性化のための専門人材や経営人材が育成され、地域に根付くことになる。

　地域金融機関としては、このような三つの連携の有用性を意識することで、自ら事業再生や活性化に取り組みたい産業や地域、個別企業へのコミットメントの姿勢をより明確にし、通常の再生や融資等のツールでは対応が困難な案件への取組みを早期から実施できることになる。

　地域経済にとっての連携の有用性を最大限に活かすため、REVICは主として次の四つの領域で地域金融機関との連携を図っている。

① 　地域金融機関と共同で事業再生ファンドおよび地域活性化ファンドを設立および運営
② 　地域金融機関等に対する事業再生および地域活性化の専門家の派遣
③ 　地域金融機関を対象とするREVICの業務説明会や研修会の実施
④ 　地域金融機関からREVICへの出向等による人材受入れ

4　連携の具体的取組み

　まず、上記①の地域金融機関との共同ファンドの設立および運営については、REVICの子会社であるREVICキャピタルは地域金融機関と連携し、2013年度に事業再生ファンド3件および地域活性化ファンド1件を設立した。特にこの事業再生ファンド3件の設立の意義は大きく、この設立によ

り、REVICが関与しないものも含めてすべての都道府県に事業再生ファンドが存在することになった。さらに2014年度に入り、地域金融機関との連携により地域活性化ファンドが6件設立されている（2014年12月1日現在）。

　次に、上記②については、地域金融機関等への専門家派遣を通じて、取引先事業者に対する事業再生等のコンサルティング機能の強化をREVICは提案している。地域の再生現場では、地域金融機関にたとえば「事案の見極めがむずかしい」「再生のスキームのどれを適用したら最適かがわからない」等の悩みがしばしばみられるという。REVICから派遣された専門家はこのような地域金融機関の悩みに応え、財務内容の検証や事業再生計画の精査など、地域金融機関が取引先事業者に行う事業再生支援に関する助言等を行っている。このような助言等を通じ、REVICのもつ事業再生等のナレッジが地域金融機関に移転し、地域金融機関の事業再生等の支援能力の向上に寄与することが期待されている。専門家派遣は2013年度に19件実施された。さらに2014年度に入り、21件実施されている（2014年12月1日現在）。

　また、上記③の地域金融機関に対する業務説明会や研修会の実施、ならびに上記④の地域金融機関からREVICへの出向等による人材受入れについては、旧ETIC時代と比べてREVICの機能を特色づける活動であるので、次節に特に見出しを掲げ、やや詳しく述べる。

　なお、地域金融機関等への専門家派遣ならびに地域金融機関からの人材受入れは、REVICがもつ知見やナレッジの地域への還元として重視されている。具体的には、2013年9月に内閣官房長官を議長とする「官民ファンドの活用推進に関する関係閣僚会議」において官民ファンドの運営に係るガイドラインが決定された際、官民ファンドがそれぞれ掲げた活動状況に関する指標（「KPI」）において、REVICは「地域金融機関等への特定専門家派遣や地域金融機関等からの人材の受け入れを2023年3月末までに累計200件以上行う」としている。

5　地域金融機関向け研修会、出向者の受入れ

　REVICは事業再生等に関するナレッジの地域金融機関への移転、ならびに地域での専門人材育成を図るため、地域金融機関等に対する業務説明会や研修会を積極的に実施している。

　REVICは地域金融機関等に対する研修会等を、REVIC発足（2013年3月18日）から2014年3月末までに80回行っている。さらに2014年度に入り、92件実施した（2014年12月1日現在）。図表2－1は実施した研修会の事例の一部である。

　また、REVICは地域に不可欠な事業再生および地域活性化のための専門人材や経営人材の育成をより直接的に行うために、地域金融機関からREVICへの出向者等を積極的に受け入れている。REVICには、2014年9月1日現在で、地域銀行8名、協同組織金融機関5名、計13名の地域金融機関出向者が在席している。

　これらの出向者は、デューデリジェンスから事業再生計画の立案、関係者間調整、ハンズオン支援等といった事業再生業務全般にREVICのプロフェッショナルスタッフとともに従事している。また、業務を通じて、REVIC社内のプロフェッショナルスタッフはもちろん、弁護士、公認会計士といった専門家アドバイザーや、他の地域金融機関出向者との交流を深めることができる。出向者にとっては単なるスキル向上にとどまらず、人脈の構築にも大

図表2－1　REVICの研修事例

研修内容	対象者	参加人数
「中小事業者再生の現状と課題」	信用金庫の地区担当者	20信金、33名
「ハンズオンを中心とした病院再生ノウハウ」	地方銀行の審査部、営業統括部ほか	50名
「人口減少時代の観光活性化と地域金融機関の役割」	信用金庫の地区担当者	35信金、58名

きく寄与できるものと考えている。

　REVICが地域金融機関向けの研修会等の開催および、出向者の受入れをさらに本格化することで、REVICがもつ事業再生および地域活性化に関するナレッジの地域への移転が加速し、地域の専門人材の育成が強化されることが期待されている。

6　協同組織金融機関との協力関係

　REVICは協同組織金融機関との協力関係の構築に積極的に乗り出している。ここでいう協同組織金融機関とは、信用金庫および信用組合という地域密着型の二つの金融業態を指す。

　REVICは2013年6月に、協同組織金融機関向けの専門相談窓口を開設した。また同月に行われたREVICの大阪オフィスの開設は、関西地区にある協同組織金融機関をはじめとする地域金融機関がよりREVICに身近に相談しやすくするねらいもこめられている。さらに2014年11月に決定された福岡拠点の開設は、九州地区ならびに中国地方西部の地域金融機関との連携をさらに強化すると期待されている。

　REVICは業務説明会や研修会を、信用金庫ならびに信用組合の全国組織である全国信用金庫連合会ならびに全国信用組合連合会において実施するとともに、これら全国組織の地域ブロック組織や個別の信用金庫および信用組合において求めに応じて行っている。

　2014年3月19日に、信用金庫の中央金融機関である信金中央金庫および100％出資子会社である信金キャピタル株式会社との間で「業務協力に関する覚書」を締結し、信用金庫がREVICの専門的な知見・ノウハウを活用して取引先企業の事業再生を図る体制を整備した。さらに、2014年6月17日には、信金キャピタル株式会社が運営するファンド「しんきんの翼」による創業・成長資金投資に際し、投資先の業種特性、業種動向等に関する助言を行

うべく、信金キャピタル株式会社に対し特定専門家派遣をする旨の決定を行っている。

7 REVICの今後のミッションと取組み

　日本は少子高齢化が進行しており、今後も大幅な人口減少が予想される。特に15～64歳のいわゆる生産年齢人口は、2012年において8,017万5,000人であったのが、2035年には6,343万人と、約2割減少すると予測されている[1]。

　金融庁が2014年7月に公表した「金融モニタリングレポート」では生産年齢人口と金融機関のビジネスモデルの関係について次のように記述している。「地域の企業向け貸出残高と地域の生産年齢人口との間には高い相関関係がみられることから、（中略）これまでの企業向け貸出と生産年齢人口動態の関係等が今後も続く仮定すれば、いずれの地域においても、貸出残高は減少すると推計された」つまり、地域金融機関の経営環境がいっそう厳しくなることを示唆している。

　さらに、3大都市圏（東京、大阪、名古屋）を除いた地域の雇用やGDPは、サービス産業（交通、物流、飲食・宿泊、小売、社会福祉）が7割を占めているが、これについても「人口減少が進む中、社会福祉など一部の業種を除き、超過供給にある」と指摘し、地域経済環境の厳しさをさらに強調している。

　金融庁はさらに2014年9月、「平成26事務年度　金融モニタリング基本方針」を公表している。

　この金融モニタリング基本方針のなかで金融庁は、地域金融機関に対し、地域経済・産業の成長や新陳代謝を支える積極的な金融仲介機能の発揮を求め、地域金融機関のビジネスモデルであるリレーションシップバンキングをあらためて深耕することを求めている。そのために地域経済および取引先企

---

[1] 国立社会保障・人口問題研究所『日本の将来推計人口』（2012年1月推計）［出生中位（死亡中位）］推計値による。

業の実態把握と事業性の評価の重要性を訴えている。

> ……地域金融機関は、地域の経済・産業の現状及び課題を適切に認識・分析するとともに、こうした分析結果を活用し、様々なライフステージにある企業の事業の内容や成長可能性などを適切に評価（「事業性評価」）した上で、それを踏まえた解決策を検討・提案し、必要な支援等を行っていくことが重要である
> 「金融モニタリング基本方針　Ⅴ．１．地域金融機関における課題と今事務年度の考え方」から引用

　地域金融機関が行う事業性評価がより効果的になるよう、金融庁は金融モニタリング基本方針において、REVICの積極活用を地域金融機関に促している。金融モニタリング基本方針において、地域金融機関が取引先企業の適切な評価を行い、解決策を提案・実行する際に、REVICの積極的活用を慫慂するのは、過去に類例をみない新しいアプローチであり、REVICの意義に新たな一節が加わったと解することができよう。

> 　地域金融機関が取引先企業に対して解決策の提案及び実行支援を行うに当たっては、REVICが有する機能（専門家の派遣、企業に対する直接の再生支援、事業再生・地域活性化ファンドへの出資・運営、保証付債権等の買取り等）を活用することが効果的であると考えられることから、その積極的な活用を促す。
> 　特に、地域金融機関による企業の事業性等の分析や必要な解決策の提案等の機能向上が図られるよう、REVICの専門家派遣機能を効果的に活用するよう促す。
> 「金融モニタリング基本方針　Ⅴ．２．２－１(1)①エ．地域経済活性化支援機構（REVIC）の積極的な活用」から引用

図表2-2　REVICの基本方針

① REVICの基本方針

1．先導的な地域活性化・事業再生モデルの創造
2．地域活性化・事業再生ノウハウの蓄積と浸透
3．専門人材の確保と育成、および地位への還流

② 基本認識

・REVICの役割は、基本方針に沿って地域金融機関の地域活性化への取組みを支援すること。
・地域金融機関が、地域経済・産業の現状・課題をふまえて、地元企業のライフステージにあわせたソリューションを提供するために行う事業性評価をサポートするとともに、ソリューション提供ツールとしてのファンドの設立・運営、事業再生を支援。
・機構は時限組織であり、ノウハウの移転を行い、機構の業務終了後も、地域金融機関による地域活性化への取組みが持続的に行われるよう環境を整備。

図表2-3　企業のライフステージに応じたREVICの役割

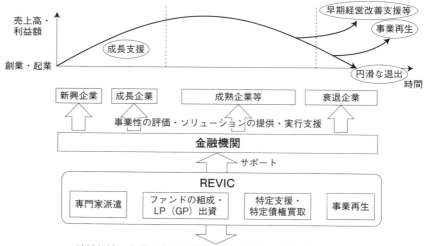

以上のような金融モニタリング基本方針の新たなアプローチをふまえ、REVICは自らのミッションと今後の取組みについて、を図表２－２、図表２－３のように新たに整理している。

　金融モニタリング基本方針は地域金融機関に対して、地域経済・産業の成長や新陳代謝を支える金融仲介機能を発揮できるよう求めており、REVICはその発揮を支援する位置づけである。具体的には、金融機関が重要な取引先に行う「①事業性の評価」「②ソリューションの提供」ならびに「③実行支援」について、一体的なサポートを行うことになる。このうち、①事業性の評価および②ソリューションの提供については金融モニタリング基本方針にもあるとおり、後述する特定専門家派遣をサポートの軸とし、③の実行支援については、取引先の実態に応じて、活性化・再生ファンドの投資（特定経営管理、特定組合出資）、特定支援・特定債権買取、事業再生支援等の提供を想定している。

Column　REVICの組織面での「進化」について

〔川上尚貴〕

　REVICは、
・地域経済の活性化を図り、あわせて地域の信用秩序の基盤強化にも資するため、
・金融機関、地方公共団体等と連携しつつ、
・中小企業者その他の事業者の事業の再生の支援および地域経済の活性化に資する事業活動の支援を行うこと
を目的にしている。

　このような目的をもつREVICは、その前身的な存在である産業再生機構のノウハウ・人材を受け継ぎつつ、地域の中小企業者や、その多くのメインバンクである地域金融機関のニーズを的確にとらえるよう、「進化」を重ねてきた。

　この「進化」は、業務面では、政策パッケージを受けた中小企業再生支援協議会との連携強化やデューデリジェンス費用負担の軽減、2013年の法改正による支援期間の５年への延長や大規模事業者以外への企業名公表義務の廃止、活

性化支援、特定専門家派遣等の新業務の追加などに現れているが、組織面でも多くの改編・拡充を行ってきている。

　まず、組織の大枠について、当機構は、企業再生支援機構の当初、産業再生機構を踏襲し、再生支援を担うプロフェッショナルオフィスを中心に、債権管理・回収、モニタリングといった再生案件のアフターケアを行うサポーティングオフィスと、いずこの組織にも存在する人事・予算・広報・総務等を担うアドミニストレーションオフィスという二つの小規模のオフィスが付随する組織構造をとってきた。

　その後、政策パッケージに対応し、各県の中小企業再生支援協議会との連携強化や地域金融機関への営業力強化一般を図るため、中小企業経営支援政策推進室を創設した。その担い手には、メガバンクを主体とする金融機関からの出向者が即戦力として活用された。

　当機構の名称変更を含む2013年の法改正への対応では、新規業務の追加等に対応し、中小企業経営支援政策推進室を発展的に解消、新規業務の中核を担う地域活性化オフィスを創設し、従来の再生支援業務の中核を担うプロフェッショナルオフィスとの二本柱の体制とするとともに、両オフィスをまたぐ業務全体の企画調整業務を担う業務企画室をサポーティングオフィス内に新設し、機構全体のガバナンスを強化した。業務企画室は、機構全体の業務の進捗管理や、デューデリジェンス費用の適正性のチェック等の横断的機能を果たしている。

　今回の再度の法改正への対応では、さらに業務として追加された特定債権買取業務を担う室や、特定組合出資業務について審査機能を担う室を新設した。

　次に各組織の機能については、特に新規業務を担う地域活性化オフィスについて、営業力の強化とソリューション提供能力の強化を目的として、順次充実を図ってきた。

　再生手法についての考え方や地域密着度、ガバナンスが地域銀行とも異なる信用金庫、信用組合については、新たに両業態から出向者を受け入れ、信金信組デスクを設置、これら業態の特性に応じたきめ細かい営業を行っている。

　地域活性化の主要テーマになるヘルスケア産業や観光産業に関しては、これらの分野でのハンズオン再生を担ってきた人材に、新規採用も加え、専門チームを組成して対応している。

　全国への営業のカバレッジを充実するため、まずは西日本でのインターフェースを改善すべく、大阪市内に大阪オフィス、さらに福岡市内に福岡オ

フィスを開設して対応している。

　これらに加え、特に、REVICの中期的なミッションとして重要と思われる、全国津々浦々への「REVICのノウハウの蓄積と浸透」、さらに「専門人材の確保と育成、地域への還流」を、REVICの将来の期限切れまでに実現するため、地域銀行から再生チームに出向者を受け入れ、再生業務のOJTを経験してもらうことなどに、注力している。

　金融債権者の債権カットを伴う再生業務に関しては、本来、債権カットを小さくしたい金融機関と、大きく債権カットをして過剰債務の重荷を軽くしたい再生の担当者には、利益相反の関係が生じやすい。このため、地域金融機関からの出向者には受入れに際し守秘義務を徹底することはもちろん、親元銀行とかかわりがある地域の案件には関与させないなどの慎重な配慮を行ったうえで、実施している。

　機構の再生支援の特徴は、徹底したデューデリジェンスによる企業価値の精査、実現性の高い再生計画の策定、経営資源の集中投入によるハンズオンでの経営改善だが、これらから地域金融機関出向者が得るものは多いと聞く。他方で、地域金融機関出向者のもつプロセス全体の管理能力、情報収集力などは、即戦力としての再生チームへの貢献となっており、人材のいい連携の関係が生まれている。

　今後とも、REVICは、地域の中小企業者や、その多くのメインバンクである地域金融機関のニーズをいっそう的確にとらえるよう、試行錯誤を続けていく。今後は、先の成長戦略で頭出しされた、地域企業の早期経営改善への支援にもウェイトを置いて、「進化」を図っていくことになろう。

第3章

地域経済活性化支援機構の業務内容

REVICの業務は、図表3－1のとおりである。特定専門家派遣以外の業務の支援決定期限は2018年3月までとなっている。本章においては、各業務の内容について解説する。

図表3－1　REVICの業務概要

	業務内容	業務実施期間	支援決定の期限	機構法上の根拠
特定専門家派遣	REVIC内の専門家を金融機関等へ派遣	2023年3月31日まで	期限なし	22条1項6号
特定経営管理	活性化・事業再生ファンドの運営を行う株式会社の設立・経営管理	2023年3月31日まで	2018年3月31日まで ※再生支援決定、特定支援決定、特定信託引受け決定および特定出資決定については、主務大臣の事前認可を前提に、2018年9月30日まで延長可能。	22条1項8号
特定組合出資	事業再生・地域活性化ファンドに対するLP出資	2023年3月31日まで		22条1項7号
事業再生支援	金融機関等の債権の買取り、出融資、人材派遣を通じて事業者の再生を支援	原則、決定から5年以内		22条1項1号・2号
特定支援	金融機関から事業者に対する債権を買い取り、事業者の債務整理および経営者保証ガイドラインにのっとった代表者等の保証債務整理を実施	原則、決定から5年以内		22条1項3号
特定信託引受け	非メインの金融機関等が有する事業者に対する貸付債権の信託の引受け	原則、決定から5年以内		22条1項4号
特定出資	金融機関が設立する事業再生支援子会社に対する投融資	原則、決定から5年以内		22条1項5号

1 特定専門家派遣

(1) 業務内容

　特定専門家派遣業務とは、地域における事業再生・地域経済活性化事業活動の支援の担い手に対し、事業再生等の専門的なノウハウをもった人材をREVICから派遣するものである。2014年5月に法律の一部改正が行われ、金融機関、事業再生子会社および事業再生・地域活性化ファンドの運営会社等であった専門家派遣の範囲を、新たにREVICが関与するファンド等の投資先事業者に拡大している。REVICの専門家派遣を整理すると図表3－2、図表3－3のとおりである。

　REVICが専門家を派遣するうえでは以下の決定基準を充足しなければならない。

〈特定専門家派遣決定基準〉

　機構は、次の1．及び2．のいずれも満たす場合でなければ、特定専門家派遣決定をしてはならない。

1．特定専門家派遣の申込みに係る理由書の内容に照らし、機構が特定専門家派遣をすることにより、当該申込みをした者が、事業者の事業の再生又は地域経済活性化事業活動を支援する業務を円滑に実施することができると見込まれること。
2．特定専門家派遣の申込みをした者の業務の実施体制に照らし、機構が特定専門家派遣をすることが必要であると認められること。

　特定専門家派遣決定基準1にあるとおり、申込者が、REVICから専門家の派遣を受けることで、事業再生や地域経済活性化事業活動が円滑に見込まれることが要件の一つになっている。金融機関からの「金融機関の営業人材

図表3−2 特定専門家派遣の派遣可能先

派遣先	備　考
金融機関等	○派遣の範囲 金融機関等（機構法32条の11） ［金融機関等の範囲］ 銀行、信用金庫、信用組合、債権回収会社、リース会社等（機構法2条各号、機構法施行規則2条、3条）
REVICが設立したファンドのGP 民間企業（REVICの関与なし）が設立したファンドのGP	○派遣の範囲 投資事業有限責任組合（以下、「ファンド」）の無限責任組合員（以下、「GP」）である者（機構法32条の11、機構法施行規則14条の6） ［ファンドの範囲］ 事業の再生を図ろうとする事業者や地域経済活性化事業活動を行う事業者を投資対象とするファンド（機構法施行規則8条の5）
特定事業再生支援会社（特定出資の出資先）	○派遣の範囲 特定事業再生支援会社（機構法32条の11） ［特定事業再生支援会社］ 特定出資決定の対象となった中小企業者等の再生を支援することを目的とする株式会社（機構法22条12項5号）
特定専門家決定をしている金融機関の取引先 特定信託引受けの信託引受先	○派遣の範囲 金融機関等の支援の対象となる事業者（特定専門家派遣対象機関である金融機関等の支援の対象となる事業者または特定信託引受対象事業者に限る）（機構法施行規則14条の7第1号）
特定事業再生支援会社	○派遣の範囲 特定事業再生支援会社の支援の対象となる貸付債権移転対象事業者（機構法施行規則14条の7第2号）
REVICが専門家派遣しているGPのファンドの資金供給先	○派遣の範囲 ファンドのGPが特定専門家派遣対象機関であるファンドによる資金供給の対象となる事業者（機構法施行規則14条の7第3号イ）
REVICが設立したファンドの資金供給先 特定組合出資決定をしているファンドの資金供給先	○派遣の範囲 特定経営管理または特定組合出資に係るファンドによる資金供給の対象となる事業者（機構法施行規則14条の7第3号ロ）

図表 3 – 3　特定専門家派遣業務

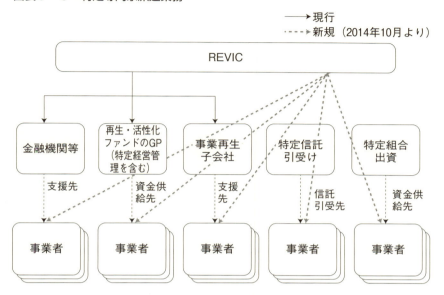

がほしい」といったリクエストは事業再生等の業務とは無関係であるのでそのような人材の派遣は想定されていないが、金融機関などが行う事業再生、地域経済活性化業務全般をサポートしていくのが本来の目的であるため、業務内容は幅広く解釈し柔軟に対応するよう努めている。

　派遣期間はREVICが存続している期間のうちのいずれかの期間であればさしつかえない。一般的に派遣というと人材派遣というイメージがあるかもしれないが、基本的には業務委託契約を前提としたコンサルティングともとらえられるものである。訪問頻度は申込者のリクエストに応じて対応することとしており、現状では、月に1、2回程度の訪問が主流である。

　派遣者はREVICの社員が中心となっており、業務内容に応じて社内の専門家をアサインしている。たとえば、病院の相談であれば、社内にいる病院の事業再生の専門家がアサインされる。案件ごとに担当を決めているが、その担当者のノウハウで足りない場合は、150名を超えるREVICのプロフェッショナルのノウハウを活用できるよう体制を敷いている。無論、REVICの

社内リソースのみで、常にすべてのニーズに応えられるわけではない。社内リソースで対応できないリクエストについては、REVIC社員各人が有する社外ネットワークを活用し、適切な社外コンサルタントを探索し、金融機関のニーズに応えられるようにしている。

(2) 特定専門家派遣のメリット

特定専門家派遣のメリットは、REVICが擁しているプロフェッショナルスタッフの広範にわたる経験・知見を活用できることにある。専属の担当者は設定するものの、担当者だけでは解決できない問題も多くある。このような担当者だけでは必ずしも解決できない問題は、REVIC社員、さらにはREVIC社員が有している多彩な社外ネットワークを駆使して解決を図ることになる。

(3) 派遣実績

2014年12月末時点の特定専門家派遣の実績は図表3－4のとおりである。現在のところ、金融機関向けの事業再生に関する業務を中心に展開している。

金融機関向けの特定専門家派遣は、月に1、2回、金融機関に訪問し、金融機関が行う事業再生や地域経済活性化について助言を行っている。

金融機関が抽出した取引先の事業再生の可能性を探るとともに、再生可能性がある事業者については個別具体的な対応策をアドバイスしている。

事業再生案件において、初動対応を誤ると案件が複雑化、長期化に陥るおそれがある。事業の再生可能性（事業性評価）はもちろん、経営責任の追及の程度、保証履行の要求の程度、スポンサーの可否など案件の初期段階での検討すべき論点について事業再生の経験豊富なREVICの社員がアドバイスを行っている。

図表3－4　特定専門家派遣の実績（2014年12月末時点）

派遣先	主な業務内容	件　数
金融機関	○事業再生に係る助言等 ・金融機関の取引先に対する事業再生支援（財務内容の検証、コスト削減、事業再生計画の検証、モニタリング等）に関する助言等 ○地域経済活性化に係る助言等 ・金融機関の営業地域における観光を軸とした地域活性化のモデル構築を目的に、観光バリューチェーンや事業計画の策定方法等に関する助言等	26件（うち、地方銀行23件、協同組織金融機関3件）
REVICが設立したファンドのGP	REVICが地域金融機関と共同で組成したファンドの運営・運用・管理を担当	10件
民間企業（REVICの関与なし）が設立したファンドのGP	○民間で設立した再生・地域活性化ファンドに係る運営上の助言等 ・再生ファンド：事業再生支援業務についての助言等 ・地域活性化ファンド：事業者の業種特性、将来の業界動向等に関する助言等	4件

(4) 今後の特定専門家派遣の展開

　2014年に公表された金融庁の金融モニタリング基本方針では、この特定専門家派遣の役割がより明確になった。

　今後の特定専門家派遣は、金融機関が取引先に対して行う以下の三つの業務につき、後方支援することが強調されることになろう。

・取引先の事業性の評価
・事業性を評価したうえでのソリューションの検討
・ソリューションの実行支援

　前述した従来の専門家派遣と大きく助言内容が異なるわけではないが、今後は、金融モニタリング基本方針をより的確に反映した助言内容に変わって

いくものと考えられる。金融モニタリング基本方針においては取引先の「事業性の評価」の実施が強調されているため、その部分の助言が中心となるであろう。具体的な業務イメージは以下のとおりである。

　まず、金融機関に具体的に問題となっている取引先をあげていただいたうえで、実際に金融機関に３Ｃ分析等のフレームワークを活用して事業者の事業性について初期仮説を構築してもらう。その初期仮説をREVICの専門家とともに吟味検討し、REVICの専門家が助言をしながら、取引先の問題点を抽出する。取引先の問題点が把握できたなら、次にそれをどのように解消していくかを議論し、具体的なソリューションをまとめる。金融機関は、取引先にそのソリューションを提案し、その提案が取引先に許容された場合には、最後にソリューションの実行となる。実行に際しては、REVICが擁している活性化ファンド（特定経営管理）や事業再生支援業務といった「商品群」がソリューションの実行に有効であれば、それらの活用も推進されることになる。

　たとえば、事業性評価の結果、事業性はあるものの債務の圧縮が必要な取引先については、REVICの事業再生支援業務で、抜本的な金融支援を含めた事業再生計画を立案し、合意のための金融機関調整が可能である。また、一取引先での支援では事業再生が厳しく、産業や地域で一体的に取り組む必要がある取引先群については、活性化ファンドを組成したり（特定経営管理、特定組合出資）、事業再生子会社を設立したり（特定出資）、一定数以上の取引先を一体で支援することも可能である。

　もっとも、ソリューションの実行支援において、常にREVICの支援ツールが最適というわけではない。たとえば事業再生はREVIC以外にも中小企業再生支援協議会、事業再生ADR、事業再生ファンドなどの施策がある。取引先にソリューションの提案を検討するのはあくまで金融機関であるから、その検討においてどのツールが有効であるかのアドバイスをするのがREVICの役割であり、REVICの商品群をもっぱら推奨するのはREVICの本旨ではない。

ここで留意したいのは、特定専門家派遣において、REVICが自ら考え金融機関にソリューションを提示するわけではないということである。REVICがあくまで金融機関と一緒に協働しながらソリューションを検討することに主眼を置いている。金融機関にノウハウが蓄積し、将来において地域活性化が持続的に行える環境が整備できるよう、REVICはサポートを強化していくことが強く期待されている。

　ここで、事業性評価について触れておきたい。事業性を評価するフレームワークはSWOT分析や5フォース分析等多種多様である。金融庁が2014年7月に公表した金融モニタリングレポートでは、3Ｃ分析を事業性評価の一つの例としてあげている（図表3－5参照）。

　REVICにおいてもこの3Ｃ分析を基本的な事業性評価のフレームワークとして位置づけ、これを専門家派遣の現場で金融機関と共有することが有用と考えられている。

図表3－5　事業性評価検証（3Ｃ分析）の概念図

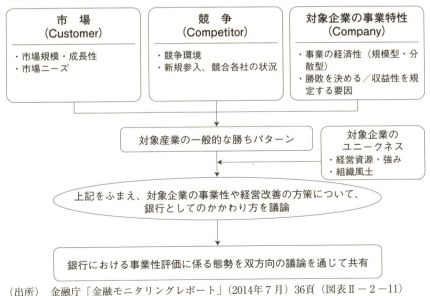

（出所）　金融庁「金融モニタリングレポート」（2014年7月）36頁（図表Ⅱ－2－11）

３Ｃ分析は、取引先の主要な事業を、市場（Customer）、競争（Competitor）、自社（Company）の三つの観点で分析する手法である。

市場分析は、自社の商品ないしサービスを、市場規模や成長性、顧客のニーズという視点で分析する。市場動向や顧客嗜好などは公開情報を多く活用することになるが、なかには公開情報が不足している産業もある。この場合は、民間のシンクタンクから情報を購入する等して情報を収集することになる。

競争環境の分析は、取引先のライバル企業の動向や競争の状況について分析する。たとえば市場シェアは自社の競争力の結果ともいえ、対象事業者の競争力の指標となる。また、トップ企業や業界平均との比較分析を行うことも有用である。利益率や従業員一人当りの売上げといった財務情報だけでなく、顧客数、従業員数といった経営資源を示す数値を比較することで、自社企業の強み弱みを分析するとともに、業界のいわゆる「勝ちパターン」を把握する。

自社の分析は、自社の経営資源をきちんと把握する。取引先のヒト、モノ、カネ、情報といった経営資源の特性を把握し、競争力の源泉となっている経営資源を把握する。競争力の源泉つまり「利益の源泉」を見誤るとその後のソリューション提案を大きく間違えるため、分析内容については入念に検討する必要がある。

従来までの与信審査はいわゆる取引先の財務の分析が中心であったと考えられる。しかし、事業性の評価にあたってはこれだけでは足らず、競争、市場の状況についても分析しなければ、取引先の事業性の評価は十分に行えないであろう。将来の損益計算書等を予測するためには、過去の貸借対照表や損益計算書のデータを前提とした定量的な分析だけではなく、競合先との関係、市場の規模・成長性といった定性的情報による分析まで丹念に行わなければならないと考えられる。

Column 初動対応の重要性

〔今井信義〕

　REVICには多くの事業再生の相談が寄せられている。ETIC時代は事前相談から再生支援決定までの平均所要期間は5～6カ月程度であったが、業務効率化などによりこの期間の短縮化を試みているものの、昨今のその平均所要期間は伸びて8カ月程度となっている。

　金融機関がREVICに持ち込む際、通常、事業者に了解を得ている。事業再生であるゆえ、経営陣に経営者責任、保証人責任、株主責任といった責任論を理解してもらう必要がある。しかし、金融機関はこれらの責任論について事業者に了解をとるべく説得を試みるが、なかなかこの責任論の理解が得られないケースが多くあり、説得に時間を要しているのが現状だ。

　金融円滑化法終了後、金融機関によって対応にばらつきがあるが、総論としては、実現性の高い抜本的な経営再建計画が存在すれば元本の返済の棚上げが継続している。このような状況下では、事業者にとっては大変つらい判断となる責任論を許容し、事業再生に踏み込むのは、それを上回るメリットがないとむずかしい。

　2000年初めの事業再生はいわゆるバランスシート調整型の事業再生が多かった。事業性はあるものの、過去の本業以外の投資の失敗により債務が過大となるケースがほとんどであり、事業者も自らの失敗を認識しやすく事業再生に進みやすかった。

　ところが、ETIC設立以降、本業の失敗自体が窮境原因の主流を占めるようになった。このケースは事業者もあきらめがつきにくい。さらに、リーマンショックや震災など事業者の責に帰さない事由も少なくないことから、事業者の納得はそう簡単ではない。いっそう説得がむずかしくなっている。

　事業再生を進めるためには、そのような事業者を説得する必要がある。事業者の感情を十分にくみとりつつ、これまでの金融取引の経緯を共有し、事業内容を十分に理解したうえで現状の体制の限界を指摘し、金融支援とセットとなる経営責任等の履行を求めていくことになる。事業再生は、金融機関と事業者双方の合意が必要であるため、合意に入るためのこうした初動対応が成否を分けているといっても過言ではない。REVICは、こうした背景もあり、金融機関の初動対応のサポートを特定専門家派遣業務のなかで行っている。

　特定専門家派遣は2013年3月のREVICの改組によりスタートした業務であ

る。これに加え、2014年2月には「経営者保証に関するガイドライン」が運用開始となり、2014年10月には経営者保証がついた貸付債権等の買取り、経営者の再チャレンジを支援する業務「特定支援業務」が、また、地域へのリスクマネーを供給するLP出資を行う特定組合出資業務があわせてスタートした。この１年で、私的整理の体制は整備されてきた。さらには事業再生を推進し、産業の新陳代謝を促進する手段の一つとして私的整理の多数決化制度の導入が議論されていると聞く。

ここまでくれば、後は、金融機関が取引先と事業再生について真剣に向き合えるか、である。

2 特定経営管理（ファンド運営業務）

(1) 業務内容

REVICは金融機関等の民間事業者と共同して、事業再生・地域活性化ファンドの運営を行うことができるようになった。支援基準は以下のとおりである。

〈特定経営管理決定基準〉

　機構は、次の１．から４．までの全てを満たす場合でなければ、特定経営管理決定をしてはならない。
１．地域の経済金融情勢等に照らし、機構が特定経営管理をしなければ、地域経済の活性化に資する資金供給を行うために十分な数の投資事業有限責任組合が設立されないと見込まれる地域が存在することその他の機構が特定経営管理をする必要があると認められる事情があること。
２．特定経営管理に係る株式会社及び当該特定経営管理に係る投資事業有限責任組合に対する民間事業者による出資の額の見込みに照らし、

>　機構が行おうとする当該株式会社に対する出資の額が、当該投資事業有限責任組合の設立及びその業務の適切な運営のために必要かつ最小限のものであること。
> 3．特定経営管理に係る株式会社に対し、民間事業者から地域経済の活性化に資する資金供給に関する専門的な知識及び経験を有する者が職員として派遣される見込みがあることその他の当該株式会社及び当該特定経営管理に係る投資事業有限責任組合の業務の適切な運営を確保するために必要な人的体制が整備される見込みがあること。
> 4．機構の財務の状況に照らし、機構が特定経営管理をしたとしても、当該特定経営管理以外の機構の業務の適切な運営に支障を来すおそれがないと認められること。

　地域活性化のためには、地域におけるリスクマネーの供給の仕組みを整備する必要がある。そのため、REVICにおいては、金融機関等の民間事業者との共同運営が前提となるが、投資事業有限責任組合（ファンド）の無限責任組合員（以下、「GP」）ができるようになっている（特定経営管理）。また、2014年の10月からは、さらなる民間資金の呼び水効果を加速させるため、投資事業有限責任組合への有限責任組合員としての出資（以下、「LP出資」）も可能となった（特定組合出資）。

　REVICが出資できるファンドは、地域経済の活性化を目的としたものに限られるものの、資金提供の手法に法律上の制限はない。それゆえ投資候補先に対し柔軟なファイナンス設計ができる。つまり、普通株といったエクイティ投資はもちろん、劣後ローン、優先株式といったメザニンファイナンスも可能である。事業再生業務も想定しているケースにおいては債権の買取りなども可能である。

　特定経営管理でREVICが設立できるファンドは、投資事業有限責任組合契約に関する法律3条1項各項に掲げる事業の全部または一部を営むことを約した投資事業有限責任組合とされている（施行規則8条の4）。このため、

匿名組合方式等の形態による運営はできない。また、REVICが運営する投資事業有限責任組合は借入れができない（施行規則8条の4）。

REVICの存続期限が2023年の3月であるため、その期間を過ぎるファンドを設立する場合は、REVICの途中離脱（第三者への持分の譲渡）を他の有限責任組合員および無限責任組合員が合意することが前提となる点に留意が必要である。

一般の民間ファンドは、運営主体であるGPは一社単独であることが多いが、REVICの運営するファンドは、民間事業者との共同運営が前提となる（機構法32条の5第1項、特定経営管理決定基準Ⅸ3）。

本業務は、REVICは民間資金の呼び水として期待されており、地域活性化や事業再生のリスクマネーの供給体制がないあるいは不足している地域に対し、官民連携して供給体制を確保することに主眼を置いている。それゆえ民間資金の十分な供給体制が確保された地域でのファンド組成は行わない方針である。

協業する民間事業者は特に限定はないが、地域金融機関との協業が強く期待されている。地域に長年根差し、今後もそうすることが使命と考えられている地域金融機関は地域経済といわば運命共同体を形成しているといえる。それゆえに、地域金融機関が地域にリスクマネーを供給する中心的な役割を担うのは自然な流れであると考えられる。REVICには多様な職能を有するプロフェッショナルが在籍している。REVICとの協業を通じて、地域金融機関にノウハウが移転され、リスクマネーの供給体制が持続的に構築されることが望ましい。

(2) 共同運営方式

民間事業者との協業の手法は、「共同運営方式」および「合弁方式」の二つが想定されている。これらのうち共同運営方式は、REVICが設立したファンド運営会社を含めた二つ以上の事業者で共同してファンドを運営する方式をいう（図表3-6参照）。

図表3－6　特定経営管理業務（共同運営方式）

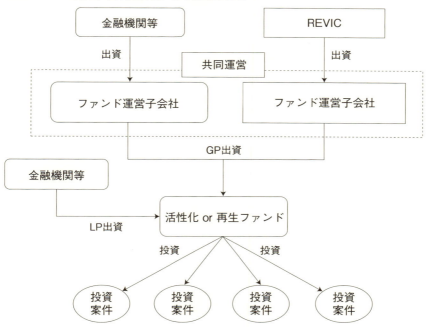

　REVICは、共同GPとGP業務の分担につき協議をし、最終的には共同運営に関する契約を締結する。REVICにはファンド運営の経験者が多く在籍しており、十分なノウハウを備えているため、共同GPの要望に応じてその役割分担について柔軟な対応をしている。共同GPは民間事業者であることに加え、ともにファンドを運営していく以上、一定程度の信用力等を備えていることが条件となる。GPの業務は主に以下のものがあり、これを共同GP間で分担することになる。

・投資対象発掘
・投資候補先からの情報受領・管理
・デューデリジェンス（以下、「DD」）実施、プライシング
・投資委員会業務
・投資実行業務（クロージング）

第3章　地域経済活性化支援機構の業務内容　39

・投資先のモニタリング
・LPへの報告
・決算・会計業務
・その他法定業務報告

　後述する合弁方式のようにファンドを組成するたびにREVICがGP子会社を設立すると、REVICが管理する子会社が多くなり、管理面で大きな負担となるので業務上効率的ではないと考えられる。そのため、REVICでは共同運営方式をメインのスキームとして活用し、2013年6月28日に「REVICキャピタル株式会社」を設立した。2014年12月1日現在、10本のファンドを運営している。

　なお、後述する合弁方式も活用しないわけではなく、案件に応じて柔軟に対応している。

〈REVICキャピタル株式会社の概要〉
・会社名：REVICキャピタル株式会社
・所在地：東京都千代田区大手町1丁目6番1号　大手町ビル9階
・事業内容：投資事業有限責任組合の無限責任組合員としての業務、上記業務に附帯する業務等
・株主構成：REVIC　100%

(3) 合弁方式

　合弁方式は、図表3－7にあるとおり、REVICを含めた二つ以上の民間企業が共同で出資をしてGPを設立し、ファンドを運営する方式をいう。この場合のREVICの出資比率は機構法上の制約はなく、ケースバイケースの対応となるが、一般論としてファンドの運営に関する役割分担に相応した出資比率になることが想定される。

　合弁方式においても、共同運営方式と同様に出資パートナーと役割分担を協議することになる。合弁方式では、役割分担は共同出資者と締結する株主

図表3－7　特定経営管理業務（合弁方式）

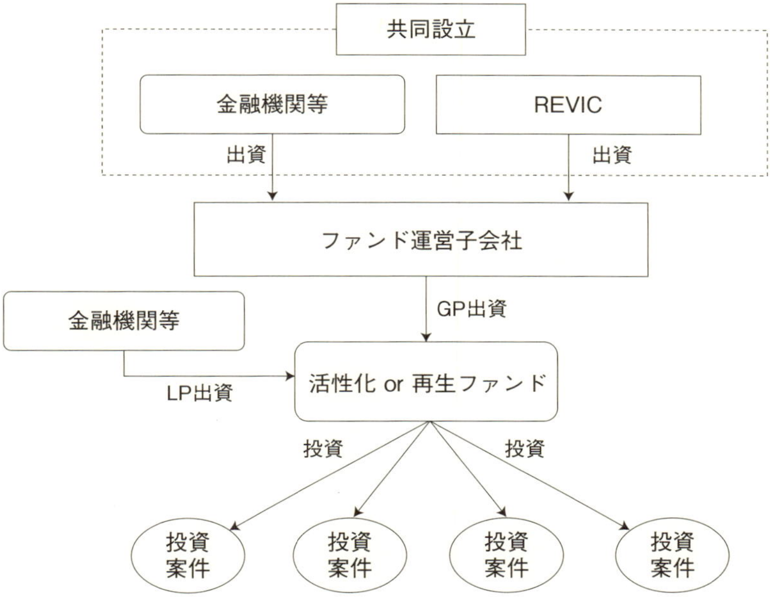

```
          ┌─────────────┐
          │   共同設立    │
    ┌─────┴─────┬───────┴─────┐
    │ 金融機関等  │    REVIC     │
    └─────┬─────┴───────┬─────┘
         出資           出資
          └──────┬──────┘
                 ▼
         ┌──────────────┐
         │ ファンド運営子会社 │
         └──────┬───────┘
                 │ GP出資
┌─────────┐     ▼
│ 金融機関等 │───▶┌──────────────┐
└─────────┘ LP出資│ 活性化 or 再生ファンド │
                  └──────┬───────┘
                   投資      投資
              ┌────┬────┼────┬────┐
              ▼    ▼         ▼    ▼
            投資  投資       投資  投資
            案件  案件       案件  案件
```

間協定書等で規定されることとなる。

(4) 特定経営管理のメリット

　特定経営管理のメリットは、共同運営を通じたREVICのノウハウ移転および活用である。ファンドをリスクマネーの提供手段として検討している金融機関にとっては、REVICとの共同運営を通してノウハウの吸収が可能となる。一般的な学習理論においても1日の実践は座学の数百時間に相当すると考えられており、実践によるノウハウ習得にはファンド運営にもより有効と考えられる。したがって、こうした共同運営は非常に意義が高いととらえられる。

　また、地域金融機関にとっては、活性化ファンドなどを組成し、地域にリスクマネーを提供していくことは、顧客対応の幅が広がるメリットもあると考えられている。

3 特定組合出資

業務内容

REVICは2014年の法改正により民業補完の原則のもと、これまでのファンドの運営業務に加え、さらにファンドへの資金の出し手、つまり有限責任組合員（以下、「LP」）としての役割も新たに担うこととなった（図表3－8参照）。

特定経営管理では、REVICはGPとなる会社の出資を通じてファンドの運営を行うが、特定組合出資は、LP出資を行うものであり、支援基準に合致さえすれば一つのファンドにGP出資とLP出資をあわせて行うことが可能である。

支援基準は以下のとおりである。

図表3－8　特定組合出資業務

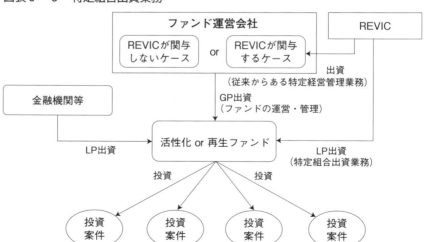

（注）　GP：無限責任組合員、LP：有限責任組合員。

〈特定組合出資決定基準〉

　機構は、次の１．から６．までの全てを満たす場合でなければ、特定組合出資決定をしてはならない。

１．地域の経済金融情勢等に照らし、機構が特定組合出資をしなければ、事業再生支援や地域経済活性化支援を目的とする特定組合に、地域経済の活性化に資する資金供給を行うために十分な資金が集まらないと見込まれることその他の機構が特定組合出資をする必要があると認められる事情があること。

２．機構のほかに一又は二以上の民間事業者が有限責任組合員として出資していること又は出資する見込みがあること。

３．対象特定組合に対する民間事業者による出資の額の見込みに照らし、機構が行おうとする当該対象特定組合に対する出資の額が、当該対象特定組合が行う地域経済の活性化に資する資金供給のために必要と認められる金額の範囲内において行われ、かつ、原則として、一組合への出資限度額は、出資約束金額総額の二分の一以下であること。

４．特定組合出資の申込みをした特定組合の無限責任組合員に関し次の(1)から(3)までの全てを満たすこと。

　(1)　地域経済の活性化に資する資金供給に関する専門的な知識及び経験を有する者が確保される見込みがあることその他の当該対象特定組合の業務の適切な運営を確保するために必要な人的体制が整備される見込みがあること。

　(2)　無限責任組合員としての業務執行に携わった実績を有する者がいることその他の無限責任組合員の業務の適切な運営が確保される見込みがあること。

　(3)　当該対象特定組合の業務の適切な運営を図ることができる健全な財務内容等が見込まれること。

５．対象特定組合に係る投資事業有限責任組合契約において、無限責任

組合員による業務執行について、利益相反の防止、当該対象特定組合の財務内容等の経営状況に係る有限責任組合員への定期的な報告その他の適切性を確保する手続又は体制が定められていること。
6．機構の財務の状況に照らし、機構が特定組合出資をしたとしても当該特定組合出資以外の機構の業務の適切な運営に支障を来すおそれがないと認められること。

　特定組合出資において、LP出資の対象となるのは、既存の官民ファンド等の対応範囲のギャップを埋められるような、主に中堅企業等（独立行政法人中小企業基盤整備機構法2条1項各号に定義される中小企業者以外の事業者をいう）を投資対象とする事業再生・地域活性化ファンドである。
　REVICのLP出資はあくまで民業補完の立場での出資であり、REVICの出資額は必要最小限の金額にとどめ、限度額はファンド全体の総出資額の2分の1までとし、REVIC以外に民間LPが入ることも求めていくこととしている。この民業補完の原則を徹底するため、民間のみで資金が集められるにもかかわらず安易にREVICを利用するようなモラルハザード案件等への出資を回避するための措置も図っていくこととしている。
　REVICは官民ファンドとして、出資したファンドが政策目的に沿って適切に運営されるよう、投資委員会にオブザーバー出席するなど、ファンドに対して一定程度関与を行っていく予定である。
　また、特定経営管理業務のようにREVICが出資するファンドは借入れができないよう規定されている点や、REVIC自体の期限が2023年3月であることでファンドの存続期間等に制約がある。

4　事業再生支援

(1)　業務内容

　REVICは、有用な経営資源を有しながら過大な債務を負っている事業者であって、その事業の再生を支援することにより地域経済の活性化が図られるような中小企業者等について、事業の見直しや再構築による十分な事業利益の確保、過大債務の削減等による財務の再構築等を図る事業再生計画に基づき、事業再生を支援する。再生支援決定をした事業者に対しては、投融資の実行、金融機関等の債権の買取り、経営人材の派遣等を行うことができる。

　2013年3月の法改正により、REVICによる支援期間は3年以内から5年以内へと延長され、中小企業者等に対するより足の長い事業再生支援が可能となった。また、支援決定時等における対象事業者名の公表についても、大規模事業者以外の事業者については一律の公表義務がなくなったことから、名称を公表することなく支援を受けることが可能となった。

　再生支援の決定は、2018年3月31日（あらかじめ主務大臣、すなわち内閣総理大臣、総務大臣、財務大臣、厚生労働大臣ならびに経済産業大臣（機構法（平成21年法律第63号）58条1項）の認可を得た事業者については2018年9月30日）までに行うものとされている。

(2)　再生支援決定基準

　REVICは、有用な経営資源を有しながら過大な債務を負っている中小企業者その他の事業者であって、その事業の再生を支援することにより、地域経済の活性化が図られるような事業者について、
・事業の再構築による十分な事業利益の確保
・過大債務の削減等による財務の再構築

を含む当該事業再生計画に基づき、その事業の再生を支援できる。再生支援決定を行うにあたっては、再生支援決定基準が定められており、以下の要件を満たす必要がある。

・有用な経営資源を有していること。
・過大な債務を負っていること。
・申込みにあたり、事業再生の見込みがあると認められること（たとえば、主要債権者との連名による申込みであること等）。
・再生支援決定から5年以内に「生産性向上基準」（注1）および「財務健全化基準」（注2）を満たすこと。
・機構が債権買取、資金の貸付、債務の保証または出資を行う場合、支援決定から5年以内に申込事業者に係る債権または株式等の処分が可能となる蓋然性が高いと見込まれること。
・機構が出資を行う場合、必要不可欠性、出資比率に応じたガバナンスの発揮、スポンサー等の協調投資等の見込み、回収の見込み等を満たすこと。
・労働組合等と話し合いを行うこと。
（注1）「生産性向上基準」：以下のいずれかを満たすことが必要。
　　　・自己資本当期純利益率2％以上向上
　　　・有形固定資産回転率が5％以上向上
　　　・従業員一人当り付加価値額が6％以上向上
　　　・上記に相当する生産性の向上を示す他の指標の改善
（注2）「財務健全化基準」：以下のいずれも満たすことが必要。
　　　・有利子負債（資本性借入金がある場合は当該借入金を控除）のキャッシュフローに対する比率が10倍以内
　　　・経常収入が経常支出を上回ること

なお、2013年3月の法改正によりREVICによる支援期間が3年以内から5年以内に延長されたこととあわせて、再生支援決定に係る基準について次の緩和がなされ、中小企業等に対するより足の長い事業再生支援が可能と

なっている。

> 〈事業再生計画の実施により生産性向上基準および財務健全化基準を満たす時期〉
> 　再生支援決定から3年以内⇒再生支援決定から5年以内
> 〈機構による債権または株式等の処分が可能となる蓋然性が高いと見込まれる時期〉
> 　再生支援決定から3年以内⇒再生支援決定から5年以内

(3) 支援対象となる事業者

　支援対象事業者は過大な債務を負っており、有用な経営資源を有している必要がある。ここでいう債務には有利子負債に限らず、履行請求される可能性が高い保証債務なども含まれる。有用な経営資源とは、対象事業者の競争力の源泉となるヒト、モノ、カネ、情報といった経営資源をいう。有用な経営資源を有していなければ、事業再生が実現できる可能性が担保されないため支援はできない。なお、有用な経営資源はDDのなかで確認される。

　支援対象となる業種については、特段の制限はない。製造業、小売業、サービス業、建設業、運輸業等の各業種に加え、病院、学校等も支援対象となる。法人形態にも限定はなく、株式会社だけでなく、持分会社、個人事業者ならびに非営利法人も対象となる。

　支援対象となる事業者は以下を除くすべての事業者が対象となる。

① 　大規模な事業者……資本金の額または出資の総額が5億円を超え、かつ、常時使用する従業員の数が1,000名を超える大規模な事業者は、原則として支援対象から除外される。ただし、主務大臣が認める事業者、すなわち、再生支援による事業の再生が図られなければ、当該事業者の業務のみならず地域における総合的な経済活動に著しい障害が生じ、地域経済の再建、地域の信用秩序の維持または雇用の状況に甚大な影響を及ぼすおそ

れがあると主務大臣が認める事業者については、支援対象となる。
② 地方三公社……地方三公社とは、地方住宅供給公社、地方道路公社および土地開発公社であり、これらは対象にならない。
③ 第三セクター……第三セクターの定義は以下のとおりであり、これらは支援対象から除外される。
 ・国または地方公共団体が4分の1以上を出資している法人（ただし、株式会社の場合、4分の1以上の議決権を保有しない場合は除く）
 ・国または地方公共団体からの派遣職員等が役員の2分の1超を占める法人
 ・国または地方公共団体からの補助金、委託費等が収入の3分の2以上を占める法人
 ・国または地方公共団体がその子法人等とあわせて4分の1以上を出資している法人（ただし、株式会社の場合、4分の1以上の議決権を保有しない場合は除く）

(4) 事業再生支援業務のメリット

REVICの事業再生支援は、債権者間の利害調整の円滑化のみならず、出資によるリスクマネーの投入やプロフェッショナル人材の派遣による経営改善支援等からなる積極的かつ集中的な再生手法に特徴があり、事業者や債権者等はそれらに伴うメリットを享受することができる。

① 利害調整の円滑化

REVICは公的・中立的な第三者であり、民間の当事者だけでは難航しがちな債権者間の利害調整等にも対応が可能である。

法律上、政策金融機関や都道府県の信用保証協会等について、REVICが債権の買取申込みをするよう求めた場合の協力規定が設けられており、これらの関係者との利害調整も行いやすくなる。

REVICは支援を受けた事業者の債権者である金融機関等に対して、債権の回収を一時停止するよう要請することができるので、事業者にとって資金

繰りを安定させる効果が期待できる。

　金融機関等の事業者に対する債権の買取りを行うことで、債権者の数を減らし、事業再生計画実施に際しての利害調整を容易にすることができる。

② 　資金支援

　REVICは投資ファンドの機能を有し、金融機関やスポンサー等と連携して、金融機関等が保有する貸出債権の買取りや事業者に対する出資、融資による資金提供を行うことができる。そのために資本金（約231億円（2014年10月現在））および借入れに係る政府保証（2014年度予算で1兆円）が設けられている。

③ 　プロフェッショナル人材の派遣

　REVICには、全国から金融や事業再生、法務や会計等のプロフェッショナルが集結しており、事業者に対して事業再生に必要な処方箋を提供する。

　案件に応じて、事業者にプロフェッショナルな人材を派遣して経営についての助言・指導を行う、最適なスポンサーを探す等、事業再生のための人的支援を行っていく。

④ 　税負担の軽減

　地域経済活性化支援委員会が再生支援決定を行った事業再生計画により、債務免除が行われた事業者については、資産の評価損の損金算入や期限切れ欠損金の優先利用等の優遇が受けられる。

　これによって事業者には、

・債務免除益への課税が行われない

・資産売却をしなくても評価損の計上ができる

・再建期間中の税負担を抑えることができる

というメリットがあり、早期の事業再生が可能になる。

　事業再生計画により金融機関等が債権放棄等を行った場合には、当該債権放棄による金融機関等の損失は損金算入される。

　REVICの支援対象となる事業者の代表者等が、事業者が抱える債務の個人保証を行っており、その債務を保証するために個人所有の事業用資産を譲

渡し、その譲渡代金相当額の求償権を放棄した場合には、当該放棄金額が代表者等の課税対象所得から除かれる。

⑤ 債務者区分の改善

REVICの支援が決定した事業者の事業再生計画の内容が、金融庁の監督指針に規定する「実現可能性の高い抜本的な経営再建計画」と認められる場合には、上記の計画に基づく貸出金は不良債権である「貸出条件緩和債権」に該当しなくなる。よって、対象事業者の債務者区分は原則として「要管理先」には該当しなくなる。

(5) 業務の流れ

事前相談から再生支援決定についてはおおむね8カ月程度を要している。最短は2カ月であるが、1年以上の時間を要したケースも少なくない。事業再生は多くのステークホルダーが関係するのでその時間調整は案件ごとに大きく異なるものと考えている。

再生支援決定から再生支援の完了については5年以内とされている。事前に事業スポンサーがいる案件はおおむね1年以内での完了となるが、REVICが直接投融資するなどハンズオンする案件は、早くても2年程度となることが多い。

以下、具体的な業務の流れを示す。

① 事前相談

事業者やその債権者である金融機関等から、いつでも事前の照会や相談を受け付けている。REVICに相談する場合には、事業再生計画の作成等は必要ないが、事業概要、直近決算書等の基礎資料が必要になる。事前相談の段階で、相談の事実が外部にもれることはいっさいなく、また、事前相談の段階では、事業者や金融機関、スポンサー等が個別に相談に来ていただいてもさしつかえはない。なお、着手金は必要ない。

② 資産等の査定(デューデリジェンス)と事業再生計画の作成

REVICが行うデューデリジェンスは、REVICの内部人材が行う「プレ

DD」と、REVICが外部アドバイザーを委託して行う「DD」の二つの段階に分かれる。

　プレDDは、対象となる事業者の事業性（収益性）の有無の検証およびその後予定されるDDにおいて重点的に調査すべき事項を整理するために行う。具体的には、対象事業者が抱える事業再生上の課題を発見・分析し、その解決策を検討することとなる。その後、以下4点の確認をしたうえで再生支援決定・買取決定等に至れる可能性が認められれば、外部アドバイザーを起用した正式なDDに進むこととなる。

・持込金融機関の金融支援に関する意向の確認
・対象事業者およびその関係者の責任（経営責任、株主責任、保証責任）の履行に関する意向の確認
・対象事業者の事業性の存在
・対象事業者と持込金融機関の再生ストラクチャーに対する意向の確認（自力再建またはスポンサーによる再建）

　DDは、原則として事業DD、財務（会計・税務）DD、不動産・環境DD、ならびに法務DDを実施している。それぞれのDDはフルスコープで行うことを原則としているが、個々の案件の必要性に即し、たとえばDDの範囲を限定するなど柔軟に対応することもある。範囲を限定したとしてもDDの作業量は膨大であり、時に高い専門性が必要とされることもあるので、その作業の一部を外部アドバイザーに委託することが多い。

　その際には、通常、複数の候補者に打診したうえでアドバイザーを選定する手続を踏む。REVICは、DD実施候補者たるアドバイザーに対し、提案依頼書（RFP）を作成して提出し、複数のアドバイザーから提案書を受領する。この提案書をもとにアドバイザーを選定し、REVICと直接契約をする。選考にあたっては、報酬額も重要な要素であるが、動員できる人的資源の質または量、類似する案件の経験数等も加味して総合的に判断する。

　DD費用については、再生支援決定に至った場合は、以下のとおり事業者の規模に応じた負担割合に応じて事業者とREVICが分担する。たとえば、

中小企業については費用の9割をREVICが負担する。支援決定に至らなかった場合は、REVICが原則として費用の全額を負担する（事業者側の事情による場合は除く）。

・規模別：資産等の査定（DD）費用
・中小企業：費用の10分の1を事業者が負担
・中堅企業：費用の2分の1あるいは1億円のいずれか低い価額を事業者が負担
・大企業：全額事業者負担

（注）　中小企業：中小企業基本法（昭和38年法律第154号）による。
　　　中堅企業：中小企業、大企業以外。
　　　大企業：負債総額200億円超の企業。
　　　資本金がない場合は、別途相談。

事業再生計画は、DDの結果を反映して作成される。事業再生計画の作成に関しては「(6)　事業再生計画の作成プロセス」に詳細に記載した。

③　正式な支援の申込み

DDを経て、事業再生計画が作成された後に行われる正式な支援の申込みは、たとえば、事業再生に向けて重要な役割を担う取引金融機関と事業者の連名で行っていくこととなるので、両者で、よく相談する必要がある。

また、事業者とともに申込みを行う債権者は、複数の金融機関でもさしつかえなく、いわゆるメインの金融機関等ではなく再生を主導する金融機関等とともに申し込むことも可能である。

④　再生支援決定

REVICは、支援申込みを受け、再生支援決定基準に基づき、当該事業者の再生可能性等を審査し、再生支援の可否を決定する。

REVICは、経済情勢、対象事業者の事業の状況等を考慮しつつ、再生支援決定時から5年以内（ただし最長で2023年3月31日まで）の再生支援完了を目指している。

2013年3月の改組前までは、原則企業名等を公表することになっていた

が、現在は、大規模な事業者（機構法25条1項1号に規定する主務大臣が認めるもの）以外の事業者については、一律の公表義務はなくなっており、企業名等を公表することなくREVICの支援を受けることが可能である。なお、企業名等の公表がむしろ信用補完になる等、事業再生にプラスであると事業者が判断する場合には、当該事業者を含む関係者の合意のもとで、公表することも可能である。

再生支援決定がされれば、REVICは支援対象事業者に対し融資が可能となる。再生支援決定後に、金融機関等が行った融資についても機構法35条に基づく確認を行うことで買取り等決定後に法的整理に陥った場合でも、当該融資について他の倒産債権の弁済条件よりも有利に扱われる仕組みがある。

⑤ **非メインの金融機関等との調整**

再生支援決定と同時に、REVICは、関係金融機関等に対して貸出金の「回収等停止要請」を行う。その後、一定の期間を経てREVICは金融機関説明会を開催し、関係金融機関に対し、再生支援決定した経緯、事業再生計画の内容、金融支援の依頼内容を説明する。そのうえで、個別に関係金融機関を訪問し、関係金融機関の質疑に対応している。

最終的にREVICは関係金融機関等に対して、

・債権を機構に対して売却するか、事業再生計画に同意して債権放棄等を行い債権を引き続き保有するか、または不同意か
・債権をREVICに対して売却するか、または不同意か
・事業再生計画に同意して債権放棄等を行い債権を引き続き保有するか、または不同意か

いずれかの選択肢を示す方法により回答を求めることになる。なお、REVICに対して売却する場合のREVIC買取価格は、再生支援決定に係る事業再生計画を前提にした適正な時価に基づき算定する。

⑥ **買取決定等**

REVICは、非メイン金融機関等からの必要な同意等が得られた場合、債権買取り等をするかどうかの決定を行う。一方、債権買取り等の申込期間が

満了するまでに、非メインの金融機関等から必要な同意等が得られず、再生支援に必要な同意が不十分と判断した場合には、REVICはすみやかに再生支援決定を撤回しなければならない。

また、買取決定等は、支援決定の日から3カ月以内にしなければならない（機構法26条、28条）。

⑦　出資決定

REVICは、買取決定等を行った後、再生支援対象事業者に対し事業再生計画に基づく出資を行うことができる。

⑧　ターンアラウンド（事業再生計画の遂行）

対象事業者の再生にあたって、だれが事業再生を主導するかという視点では、事前にスポンサーを選定し、スポンサーが中心となって再生に取り組む「プレパッケージ型」（スポンサー主導）、REVICが直接対象事業者に出資し、ハンズオンで再生に取り組む「ハンズオン型」（REVIC主導）、事業者のみで再生に取り組む「自主再建型」（対象事業者主導）の三つに類型化される。

プレパッケージ型や自主再建型の場合は、買取決定等以降に、スポンサーあるいは事業者による事業再生の開始を見届けて支援完了しており、REVICが事業再生に直接関与することはほとんどない。

ハンズオン型の場合は、REVICから出融資や人材派遣が行われ、事業再生計画を自ら遂行していくことになる。

⑨　処分決定・再生支援完了

ハンズオン型の多くは、REVICは、再生支援対象事業者に係る債権または株式等を有する。この場合、当該債権および株式を支援決定後5年以内に譲渡等により処分を行うよう努めなければならない。

法令上「5年以内で、かつ、できる限り短い期間」とされているとおり、個別案件に応じて、できる限り短い期間内での業務完了を目指している。

処分決定がされた後、REVICが派遣した人材の引揚げが完了すれば、再生支援完了となる。

(6) 事業再生計画の作成プロセス

　REVICによる私的整理手続（以下、「機構手続」）も私的整理の一種であることから、他の私的整理におけるものと同様、機構手続における事業再生計画は、対象事業者の事業再生のため関係金融機関等から債権放棄やDDS（デット・デット・スワップ）等の金融支援を得ること等を目的として作成されるものであり、私的整理の成否を左右するものとして、機構手続全体を通じて重要な意義を有している。

　加えて、機構手続においては、REVICが、関係金融機関等による金融支援に関する調整を実施する第三者機関として対象事業者の私的整理に関与するだけではない。企業価値向上のため、自ら対象事業者に対する資金面の支援や、専門家を派遣するなど人材面の支援を行う。すなわち、REVICが当該私的整理における当事者としても関与するため、事業再生計画におけるREVICの役割等がきわめて重要になるという特徴を有する。

　このため、機構手続においては、REVICが、あらかじめ事業者、持込金融機関等と連携して（スポンサーがいる場合には、スポンサーとも連携する。以下同じ）、事業再生計画の策定につき主導的な役割を担っている。このことにより、機構手続における事業再生計画の実抜性、すなわち実現性が高く抜本的な経営再建である度合いが高まり、関与メンバーの責任感・計画へのコミットを含めて、以後の事業再生計画の実現可能性を高めることができる。

　機構手続における事業再生計画の作成プロセスは、DDを経て、またはDDと同時並行で進められる。実際の作業としては、REVICが、外部専門家等の協力のもと、対象事業者、持込金融機関等と連携しながら検討し、作成支援していくことになる。この際、計画内容、記載の程度、関係金融機関等に対する開示の範囲等につき、機構手続における他の案件との整合性を意識するようにしている。

　以下、事業再生計画の作成プロセスにおける主な事項について整理する。

① 対象事業者の概要把握―窮境原因の分析―

まず最初に行うのは、対象事業者の概要を把握したうえでの窮境原因の分析である。この窮境原因の内容次第によって、その改善策の検討が事業計画作成の基本路線となり、また、窮境原因のいかんによって、経営責任、保証人責任、株主責任といった責任論も定まってくることになる。

グループ企業である場合には、事業上の密接関連性や、窮境原因の内容、改善策の有無等によって、親会社単体を支援対象とするのか、子会社も含めて支援対象とするのか検討することになる。

② 存続事業と撤退事業との分類

多くの場合、企業のなかで不採算事業（グループ企業の場合には、不採算会社。以下「事業」には、グループ企業の場合の「会社」を含む）が存在し、これが窮境原因になっていることが多い。そこで、事業再生計画の作成にあたっては、事業を存続事業（または事業用資産）と撤退事業（または非事業用資産）とに分類することが一般的である。

また、本業は堅調ながら過去の過大な設備投資や事業の多角化による失敗が原因となっている場合には、処分できる非事業用資産や、削減できるコストの有無を検討することが必要となる。

③ 事業戦略の策定および数値計画の作成

存続事業については事業戦略を策定し、将来の数値計画を作成する。事業戦略の策定については、いわゆる第二会社方式を採用するか、100％減増資を採用するか等の企業再編ストラクチャーや、雇用調整等の人事施策の検討も含まれる。また、将来の数値計画には、将来の資金計画も含まれる。すなわち、数値計画の作成プロセスにおいては、今後必要となる資金、最低限確保すべき運転資金も確認する。あわせて、この場合の資金調達の源泉についても検討する。たとえば出資の調達であれば出資者、出資金額、株式の内容等を検討する。また、再生支援決定時においては資金不足も予想されるため、1年分の月次資金繰り表もあわせて作成する。

一方、撤退する不採算事業については撤退の手法を検討するとともにそれ

に係るコスト（金銭コストだけでなく、手続コスト等を含む）を試算・検証し、損失総額・撤退リスクを算定・検証する。とりわけ、撤退に際し受領ずみの補助金の返還を要する場合や、不採算会社がたとえば在外国法人であるなど撤退する際に外国法上の特別な手続が必要となる場合もあるので、当該試算・検証は重要な検討事項である。

　これら存続事業の数値計画、不採算事業の損失総額等を統合し、将来財務諸表を作成する。将来財務諸表の作成は最も労力を費やす作業であり、後に行う金融機関調整の説明資料とすることをふまえて、将来財務諸表の前提となる根拠資料も準備する。

　同時に、数値計画を実行する企業統治のあり方についても検討する。具体的には、株主構成、取締役会構成、REVIC（またはスポンサー）からの人材派遣人数等について検討している。再生に至る事業者では、経営管理が不十分であることが多いため、重要な検討事項である。

④　企業価値の算定―金融支援依頼総額の算定―

　このようにして作成した数値計画をもとにして、対象事業者の企業価値を算定する。企業グループの場合には、存続する連結子会社を含めた連結ベースの企業価値を算定するのが一般である。REVICにおける企業価値の算定は、DCF法や類似業種比較法等を活用して総合的に判断している。

　当該企業価値が対象事業者の負担可能な債務額として、対象事業者に対する対象債権総額（関係金融機関等の有する債権のうち、機構手続の対象とすべき債権の総額）と企業価値との差額を必要金融支援総額としている。金融支援の手法は、債権放棄に限らず、DDS（デット・デット・スワップ）、DES（デット・エクイティ・スワップ）なども適宜採用される（必要金融支援総額は、債権放棄、DDSまたはDESの総額となる）。当該必要金融支援総額につき、過剰支援とならないか判断するための指標として、DDの結果に基づいて作成された実態貸借対照表における実質債務超過額を活用している。想定される将来収益キャッシュフローが脆弱でDCF法等に基づく企業価値が実態純資産額を下回る場合には、実質債務超過額を上回る金融支援総額を要請する場合も

ありうる。

⑤　金融支援依頼内容の策定―関係金融機関等ごとの支援依頼額―

　各関係金融機関等に対しては、第三者評価に基づいて算定された各行の非保全債権額のシェアに従って、必要金融支援総額を案分した金額を負担するよう要請している（いわゆる非保全プロラタ）。ただし、関係金融機関等に残高が比較的僅少な債権者が含まれている場合には、まずは当該少額債権者の債権残高につき全関係金融機関等に支払うことを前提として、残余の部分につきいわゆる非保全プロラタで支払うような、いわゆる少額債権者保護の取扱いをする場合もある。また、対象事業者が複数の場合（親会社と子会社をまとめて再生支援の対象とする必要がある場合）には、資本・経営・事業上の密接関連性や窮境原因の所在、債権者団の構成等にかんがみて、いわゆるパー・レートとするのか、対象事業者ごとに支援依頼内容を区分するのかを検討することになる。

⑥　金融支援依頼内容の策定―保全・非保全の分類―

　非保全債権額を算出するため、保全・非保全の分類を行うこととなるが、機構手続においても、他の一般の私的整理手続に準じた分類を行っている。保全評価額の算定は、不動産DDや法務DDの結果を採用しており、第三者の専門的評価に基づいている。また、時価のある資産に担保設定がされている場合には、その保全評価額の基準日は、再生支援決定日としている。

　また、不動産や上場株式など流通性があり処分予定のものについては、保全評価額を仮置きしたうえで、一定の処分期間を設け、その期間内における処分状況をふまえて保全評価額を見直す、いわゆる処分連動方式を採用する場合もある。

⑦　金融支援依頼内容の策定―その他―

　関係金融機関等に対する依頼内容については、上記金融支援だけでなく、その後の弁済スケジュール、金利も含まれる。また、持込金融機関等に新規融資を依頼するケースもあり、新規融資の条件も検討する。

　機構手続では、関係金融機関等がREVICに債権を売却するケースがあり、

このような場合には、REVICによる買取実行後、債権を売却せず継続保有する関係金融機関等、REVIC、対象事業者の間で、「債権者間協定書」を締結する。債権者間協定書は事業再生計画に沿ったものであり、主に弁済条件、金利等や新規融資に関する優先性が取り決められるとともに、対象事業者の再生を適切に進めるため、債権者による決議事項と決議要件等が定められる。

⑧ 経済合理性の検証

関係金融機関等においては、機構手続の事業再生計画に基づく弁済が、法的整理との比較において経済合理性が確保されているかを検証する必要がある。破産といった清算型の法的手続、民事再生や会社更生といった再生型の法的手続の双方から検証される。この点については、DDの結果に基づいて作成された破産配当率の試算結果等と、非保全債権弁済率とを比較することになる。

⑨ 責任論

対象事業者においては、金融機関に対して金融支援を依頼する一方、自ら相応の責任を果たすことが求められる。窮境原因等をふまえ、責任論についても検討し、対象事業者や株主の理解を得る必要がある。

⑩ 支援基準適合性

作成された事業再生計画は、REVICの再生支援決定基準を充足している必要があるため、その充足性を確認する。

以上の作成プロセスにおいて、留意すべき主な事項を整理すると、以下のとおりである。

---

(1) 会社の概要
・企業グループである場合、その資本上・取引上の関係性いかんを把握しているか。
・労働組合がある場合、加入者の人数、労働協約の有無等を把握しているか。

(2) 窮境原因および存続事業における主要施策
・窮境原因が時系列的に整理され、窮境原因に対する改善策を検討しているか。

(3) 経営体制・人事体制等
・現経営陣に窮境原因に対する経営責任がある場合、引き続き経営陣となることについて適格性を有しているか、退任が必要な場合、次期経営陣が内定しているか。
・REVIC、持込金融機関等が役員を派遣する場合、だれが意思決定機関の過半数を占めるか否かが決まっているか。
・プレパッケージ型の案件の場合、スポンサー候補者の適格性につき検討しているか（入札実施の有無・可否、経済条件、支援意義との関係等）。
・労働条件変更、雇用調整がある場合、労働協約等により労働組合との事前協議が義務づけられていないかどうか。

(4) 数値計画
・財務三表（貸借対照表、損益計算書、キャッシュフロー計算書）の整合性がとれているか。
・REVIC、持込金融機関等が役員を派遣する場合等、新経営陣の人件費を数値計画に織り込んでいるか。
・雇用調整、リストラ（拠点撤退等を含む）を行う場合のコストが数値計画に織り込まれているか。
・設備投資資金が数値計画に織り込まれているか。
・第二会社方式の場合、①旧会社からの配当予定額、②補助金等の返還義務の要否、③旧会社の特別清算等手続コスト・資産売却の見込み・処理期間等、について検討がなされているか。
・タックス・プランニングについて検討されているか。

(5) 企業再編（ストラクチャー）等
・出資、100％減増資または会社分割等機構手続上の株主総会決議について、必要な議決権が確保できる見込みがあるか。

- 許認可の維持、承継、新規取得上の支障はない、または手当てがなされているか。
- 第二会社方式の場合、受け皿会社の設立について概要が固まっているか（再生支援決定前の設立が望ましい）。
- 組織再編行為が想定されている場合、買取決定等前までに株主総会決議を開催することができるか。
- 産業競争力強化法の認可取得の要否について検討しているか。
- 産業競争力強化法の認可を取得する場合、認可取得手続（許認可承継、再取得含めて）に要する期間をふまえたスケジュールを作成しているか。

(6) 債権者依頼事項―金融支援―

- 関係金融機関等の有する債権につき、対象債権とする要否について検討しているか（たとえば、利息債権、ファクタリング債権、割引手形の買戻しに係る債権、プレDIP債権など）。
- 金融支援は各銀行どのような条件となっているか（プロラタか、修正プロラタか）。
- デリバティブ解約精算金、社債、リース債務が対象債権に含まれる場合、その取扱いについて検討しているか（たとえば、社債の引受人である金融機関が自ら保証している場合については、手形貸付への変更を希望する関係金融機関等もあれば、保証履行して求償権化を求める関係金融機関等もあるので、留意する）。
- 処分連動方式を採用する場合、ルールが明確になっているか。
- DDSを採用する場合、金融検査マニュアル上の資本性劣後ローンの条件を満たしているか（担保付DDSか、通常のDDSか区別して検討しているか）。
- 保証協会の保証がある場合に、都道府県議会承認の要否を確認のうえ、スケジュールを検討しているか。
- REVICに対する①債権買取申込みまたは計画同意の選択を依頼する

のか、②債権買取のみか、③同意のみか、方針が固まっているか。
- REVICによる出資、債権買取を予定する場合、REVIC支援完了時における出資売却先、債権買取先（リファイナンス先）について想定されているか。

(7) 債権者依頼事項―返済―
- 弁済方法につき、約定返済とするか、いわゆるフリーキャッシュフロー連動弁済とするか、返済開始時期をいつにするか、1年における弁済回数をどうするか、その他既存債権と新規融資の弁済条件（金利、弁済額、担保等）における優劣等について検討しているか。
- 金利の取扱いについては、前払いか、後払いかを意識した取扱いがなされているか(債権放棄の時期等によって精算が必要となる場合がある)。
- 金利について、変動金利を採用する場合には、固定性金利しか採用できない関係金融機関等（政府系金融機関に多い）の有無を確認しているか（固定金利を選択制とするなどの対応を検討する）。
- 端数調整について検討しているか。

(8) 保証人責任
- 保証人責任に関し、保証人から財産開示（外部専門家による調査結果）を受けたうえで検討しているか。
- 保証人責任の内容および手続が、経営者保証ガイドラインに準じたものとなっているか。
- 第二会社方式の場合、①承継会社に承継される債務に係る保証債務の解除時期については会社分割効力発生日までとされているか、②旧会社に残す債務についても保証解除を求めるのか。

(9) 資金計画
- 少なくとも再生支援決定から1年以上の月次資金繰り計画を作成しているか。
- クロージング日までの運転資金に余裕があるか（クロージング日までに運転資金が不足する場合など、機構法35条の確認の要否について、持込

金融機関等と協議しているか）。
⑽　支援基準適合性
・支援基準にすべて適合しているか。
⑾　経営者責任
・経営責任を追及すべき経営陣が明確になっており、窮境原因をふまえたうえで経営者責任を検討しているか。経営陣は当該経営責任を理解、許容しているか。
・金融支援内容に応じた適切な経営者責任となっているか。
⑿　株主責任
・金融支援内容に応じた株主責任となっているか。
・潜在株主がいる場合についても株主責任が整理されているか。
・いわゆる従業員持株会がある場合、存続の要否、解散する場合の財産分配方針について他案件との整合性がとれているか。
⒀　法的整理等の比較
・各関係金融機関等ごとに経済合理性が成立しているか（清算価値保障原則）。

（7）その他留意事項

①　資産評価税制の適用

　事業再生計画に基づき、関係金融機関等に対し債権放棄を依頼し、関係金融機関等より通常手続において債権放棄を受けた際には、原則として、対象事業者において債務免除益への課税がなされることとなり、このことが対象事業者の再生に支障をきたすおそれがある。

　しかし、以下に記載する要件を満たす場合には、対象事業者（債務者）の有する一定の資産について評価益の益金算入（法人税法25条3項）および評価損の損金算入（法人税法33条4項）、ならびに青色欠損金等以外の欠損金を優先して損金算入（法人税法59条2項3号）するこれらの税制措置（いわゆる

資産評価税制）の適用を受けることにより債務免除益との相殺が可能である。

> - 「地域経済活性化支援機構の実務運用標準」に定められた一連の手続に従って事業再生計画が策定されたこと。
> - 「地域経済活性化支援機構の実務運用標準」別紙1に定められた「資産評定基準」に基づく資産評定が行われ、当該資産評定による価額を基礎とした貸借対照表が作成されていること。また、当該資産評定は公正な価額により行われていること。
> - 上記の貸借対照表における資産および負債の価額、事業再生計画における損益の見込み等に基づいて債務免除等をする金額が定められていること。
> - 地域経済活性化支援委員会が再生支援をするかどうかの決定を行ったこと。

このように、資産評価税制の適用を受けるためには、要件が限定されているため、事業再生計画を策定する際には、留意する必要がある。なお、会社分割や事業譲渡を利用したいわゆる第二会社方式を採用する場合には、旧会社の特別清算手続等の法的整理において債務免除を受けることにより、債務免除益が益金の額に算入されることになるものの、新会社への分割対価（譲渡対価）と簿価（旧会社における、承継資産の簿価額から承継負債（事業用負債・承継金融債務の合計）の簿価額を控除した額）の差額を損金算入することで、旧会社に残存し債務免除の対象となる金融債務（≒債務免除益計上額）と同額の欠損金を確保することができ、また、仮に当該差額が当該債務免除益計上額に不足する場合においても、期限切れ欠損金を損金の額に算入することができ（法人税法59条3項）、いずれにしても課税が生じないように対応することは可能であることから、上記資産評価税制の適用を受ける必要性はない。

② 社債の元本減免に関する確認

　事業再生局面における社債権者集会の決議による社債の元本減免の可否については、会社法上の解釈に争いがあり、当該決議について裁判所が認可するかどうか予見できず、多額の社債債務を抱える事業者について、私的整理手続での事業再生の困難さが指摘されていた。

　しかし、機構手続においては、このような事業者にとって事業再生に取り組みやすい環境が整備されている。すなわち、社債権者集会の決議に基づき社債の元本減免を行う旨を事業再生計画に記載して再生支援決定を受けた対象事業者は、REVICに対し、当該元本減免が事業再生に欠くことができないものとして主務大臣が定める基準（以下のすべての事項を満たすことが求められている）に該当するものであることの確認を求めることができるとされ（機構法34条の２第１項）、また、裁判所は、REVICが確認を行った社債の元本減免を行う旨の社債権者集会の決議に係る認可の申立てが行われた場合には、REVICによる確認が行われていることを考慮しなければならないこととされている（機構法34条の３）。

> ・対象事業者の事業再生のために合理的に必要となる償還すべき社債の金額についての減額を行うことを目的とするものであること。
> ・減額後の社債の償還すべき金額が、確認時点における対象事業者の清算価値を下回らないと見込まれること等、当該減額が社債権者にとって経済合理性を有すると見込まれるものであること。

　こうした制度が整備されていることにより、REVICが事業再生に欠くことができないものとしてその必要性を確認した社債の元本減免である場合には、社債権者集会の決議が裁判所に認可される蓋然性も高いとの予見を対象事業者に与えることができ、機構手続による事業再生の取組みが広がるものと期待している。

Appendix　事業再生計画の記載内容

　機構手続における事業再生計画は、計画内容を記載する計画本文と、その補足資料としての計画別紙によって構成される。

　計画本文の構成は、一般的に、①対象事業者の概要、②支援申込みに至った経緯、③事業再生計画の骨子、④事業計画、⑤企業再編（ストラクチャー）等、⑥金融機関等への依頼事項、⑦資金計画、⑧支援基準適合性、⑨経営者責任（保証人責任）・株主責任、⑩法的整理との比較、から構成される（なお、いわゆるプレパッケージ型などのように事業再生計画においてスポンサーによる支援が予定されている場合には、これらに加えて、スポンサーの概要についても一項目を設けて記載することになる）。

　これらの作成プロセスにより整理した各事項につき、上記構成に従って記載していくことになる。

　機構手続における事業再生計画の記載内容は、対象事業者や関係金融機関等の状況や、採用する事業計画、再生スキームの内容等によって多種多様であるが、軸として記載する内容はほぼ似通っているため、以下では、一般的に記載している事項の概要を前述した構成に従って整理している。

① 　対象事業者の概要

　対象事業者の概要に関する具体的な記載項目例は、以下のとおりである。作成した事業再生計画に係る持込金融機関等との調整に時間を要することもあるため、対象事業者の概要については、時点を明記することとしている。なお、対象事業者がグループ企業など、複数の事業者によって構成されている場合には、主要な事業者に関する概要のみ記載したり、別紙に整理したりするなどの対応をしている。

---

① 　会社の概要
・主な沿革
・代表者・資本金・株式・株主の状況

- 本社・主たる事業所
- 経営陣・組織
- 従業員・労働組合の状況
- 企業グループ
② 事業の概要
- 事業内容
- 業界動向
- 主要取引先
③ 財務内容
- 損益状況
- 財政状況
- 資金状況
④ 金融機関等の状況

② 再生支援申込みに至った経緯

　再生支援申込みに至った経緯に関する具体的な記載項目例は、以下のとおりである。①事業面、②財務面、③経営・組織面など、窮境原因について多面的に分析した結果を記載する。そして、④まとめ等として、対象事業者が機構に対し連名で再生支援の申込みをする当事者を明記する場合が多い。

① 事業面
② 財務面
③ 経営・組織面
④ まとめ

③ 事業再生計画の骨子

　事業再生計画の骨子に関する具体的な記載項目例は、以下のとおりである。事業再生計画の骨子を整理することにより、金融支援を依頼する関係金

融機関等が事業再生計画の全体を容易に把握することができるように努めている。

---

① 事業計画の基本方針
② 企業再編（ストラクチャー）等
③ 債権者への金融支援依頼事項の概要
④ 資金計画
⑤ 支援基準適合性

---

④ 事業計画

　事業計画に関する具体的な記載項目例は、以下のとおりである。ただし、案件によっては、窮境原因が過去の過大な設備投資のみによるなど、撤退すべき事業が存在しない場合もあるため、記載内容は多岐にわたることとなる。また、プレパッケージ型の場合には、事業計画の一環として、スポンサーの役割を明記するようにしている。

---

① 存続事業と撤退事業の分類およびその理由
② 存続事業の事業計画（主要施策）
③ 撤退事業の処理方針
④ 組織運営体制・人事政策の改革方針
・基本方針
・組織運営体制
・人事制度の基本的体系・考え方
・経営陣
・従業員
⑤ 計数計画
⑥ 事業計画・経営改革遂行の体制

> ⑦　スポンサーの役割（プレパッケージ型の場合）

⑤　企業再編（ストラクチャー）等

　企業再編（ストラクチャー）等に関する具体的な記載項目例は、以下のとおりである。企業再編等のスケジュールにおいては、企業再編の手続に関するスケジュールだけでなく、買取決定などの機構手続に関するスケジュールや、債権放棄の実行日などを記載することにより、金融支援を依頼する関係金融機関等が事業再生計画に同意した後の処理対応の予定を容易に把握することができるように努めている。

> ①　企業再編スキーム
> ②　減増資・DES等の方針
> ③　産業競争力強化法の活用方針
> ④　企業再編等のスケジュール

⑥　金融機関等への依頼事項

　金融機関等への依頼事項に関する具体的な記載項目例は、以下のとおりである。対象事業者がいかなる金融取引を行っていたかによって、関係金融機関等に対する依頼内容が異なるため、記載内容は多岐にわたることとなる。なお、保証人の保証債務に関しては、経営者保証ガイドラインが公表される前より、私的整理を行うことが困難である等の特段の事情がない限りは、保証人の保証債務の整理を事業再生計画と一体のものとして取り扱い、事業再生計画のなかで保証解除の依頼を行ってきた。経営者保証ガイドライン発表後は、当該ガイドライン記載の手続も一部ふまえながら、保証人の保証債務の整理を行い、保証人と対象事業者の一体整理を目指している。

> ①　金融支援依頼の対象となる債権者
> ②　金融支援依頼の対象となる債権

③　金融支援の基本方針
・金融支援の概要
・金融支援依頼総額の算定方法
・対象債権者毎の金融支援依頼額の算定方法
・保全債権額の計算方法
・対象債権額および保全評価額の訂正
④　対象債権の弁済方法
・対象債権の分類および取扱い（第二会社方式の場合は、「承継・非承継の基本方針」）
・対象債権の貸付条件変更（DDS、DESの内容を含む）
⑤　金融支援依頼に関するその他事項
・対象債権の届出の協力依頼と対象債権額等の確定について
・機構による債権買取等について
・利息・遅延損害金の取扱いについて
・運転資金等の対応について（新規融資、手形割引等）
・保証人の保証解除について
・非事業用資産の処分・組織再編手続への協力について
・その他の依頼事項（口座利用の継続、預金相殺の禁止、回収等停止要請）

⑦　資金計画

　資金計画に関する具体的な記載項目例は、以下のとおりである。必要となる資金調達の時期、内容等に応じて、記載内容が異なる。

①　弁済資金の調達方法
②　再生支援決定後、買取決定等までの間に必要となる資金調達（機構法35条の確認による資金調達をする場合）
③　買取決定等後に必要となる資金調達（新規融資、第三者割当増資）

> ④ 資金繰り計画

⑧ 支援基準適合性

　支援基準適合性に関する具体的な記載項目例は、以下のとおりである。作成された事業再生計画は、機構の再生支援決定基準を充足している必要があるところ、機構が債権買取りをするか、出資をするか等により基準項目が異なるため、案件に応じた基準の充足性を記載している。

> ① 有用な経営資源を有する事業者であること
> ② 過大な債務を負っていること
> ③ 事業再生が見込まれることを確認するもの
> ・申込みにあたっての主要債権者との同意等
> ・生産性向上基準
> ・財務健全化基準
> ・清算価値との比較
> ・5年以内のリファイナンス等の可能性（機構が債権買取や新規融資する場合）
> ・出資の必要性、ガバナンス体制の構築、協調投融資の見込等（機構が出資する場合）
> ・除外法人ではないこと
> ④ 過剰供給構造の解消との関係
> ⑤ 労働組合等との協議の状況

⑨ 経営者の責任（保証人責任）・株主の責任

　経営者の責任（保証人責任）・株主の責任に関する具体的な記載項目例は、以下のとおりである。各責任の取り方について記載している。なお、経営者が連帯保証している場合の保証人責任については、金融機関等への依頼事項において記載した内容の要約版を記載している。

① 経営者としての責任
② 連帯保証人としての責任(経営者保証している場合)
③ 株主の責任

⑩ 法的整理との比較

　法的整理との比較に関する具体的な記載項目例は、以下のとおりである。事業再生計画が経済合理性のあるものであることを示すため、本事業再生計画における非保全債権弁済率との比較を明示している。

① 清算型法的整理手続との比較
② 再建型法的整理手続との比較

5　特定支援

(1) 業務内容

　REVICは、事業者および代表者等の債務整理のために協力を求める必要のある金融機関等から、事業者(主債務者)に対する債権の買取り等を通し、事業者の債務整理を図るとともに、代表者等(保証人)の保証債務の整理を行う(図表3-9参照)。

　なお、当該業務は、主務大臣が定める「支援基準」(「特定支援決定基準」および「特定支援決定に係る買取決定基準」)に従い実施される。加えて、経営者保証人の保証債務弁済計画を策定するにあたっては、経営者保証に関するガイドライン研究会が公表した2013年12月5日付「経営者保証に関するガイドライン」(2014年2月1日より適用開始)に実質的に適合するように配慮す

図表3-9 特定支援業務

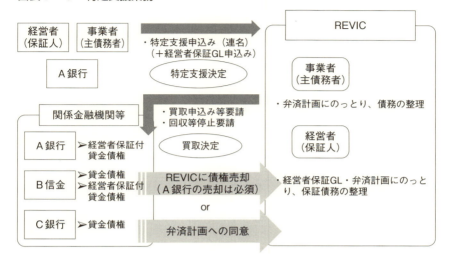

る。

支援基準は以下のとおりである。

〈特定支援決定基準〉

　機構は、特定支援の申込みがあったときに、当該申込みが次の1．から5．までの全てを満たす場合でなければ、特定支援決定をしてはならない。

1．申込事業者が、過大な債務を負っており、既往債務を弁済することができないこと又は近い将来において既往債務を弁済することができないことが確実と見込まれること（事業者が法人の場合は債務超過である場合又は近い将来において債務超過となることが確実と見込まれる場合を含む。）。

2．申込事業者の代表者等（当該事業者の債務の保証をしている者に限る。）が、金融機関等と協力して新たな事業の創出その他の地域経済の活性化に資する事業活動の実施に寄与するために必要な当該事業者

及びその代表者等の債務（代表者等の債務にあっては、当該事業者の債務の保証に係るものに限る。）の整理を行おうとする場合であること。
3．申込事業者及びその代表者等の債務の整理について、次の(1)から(6)までの全ての要件を満たすこと。
 (1) 申込事業者及びその代表者等が弁済について誠実であり、関係金融機関等及び機構に対してそれぞれの財産状況（負債の状況を含む。）に関して、適時に、かつ、適切な開示を行っていること。
 (2) 申込事業者の主たる債務及び代表者等の保証債務について、破産手続による場合の配当よりも多くの回収を得られる見込みがあるなど、関係金融機関等にとっても経済的な合理性が期待できること。
 (3) 代表者等に破産法（平成16年法律第75号）第252条第1項各号（第10号を除く。）に掲げる事由が生じておらず、又はそのおそれもないこと。
 (4) 代表者等の弁済計画が、次の①から⑤までの全ての事項が記載された内容であること。
  ① 債務の整理を行うことによって、新たな事業の創出その他の地域経済の活性化に資する事業活動の実施に寄与する見込み（新たな事業の創出、事業の再生又は他の事業者の経営に参加若しくは当該事業者に雇用され当該事業者の成長発展等に寄与すること等の見込みをいう。）。
  ② 財産の状況
  ③ 保証債務の弁済計画（原則として、特定支援決定が行われると見込まれる日から5年以内に保証債務の弁済を終えるものに限る。）
  ④ 資産の換価及び処分の方針
  ⑤ 関係金融機関等に対して要請する保証債務の減免、期限の猶予その他の権利変更の内容
 (5) 申込事業者の弁済計画が、次の①から④までの全ての事項が記載された内容であること。

① 財産の状況
　　② 主たる債務の弁済計画（原則として、特定支援決定が行われると見込まれる日から5年以内に債務の弁済を終えるものに限る。）
　　③ 資産の換価及び処分の方針
　　④ 関係金融機関等に対して要請する債務の減免、期限の猶予その他の権利変更の内容
　(6) 申込事業者の弁済計画が、将来の収益による弁済により事業再生を図ろうとするものである場合には、Ⅰ．において定める事業再生の見込みの要件に準ずる要件を持つ私的整理手続（機構の再生支援手続と同等の利害関係のない中立かつ公正な第三者が関与するものに限る。）（注）による事業再生の見込みが弁済計画において確認されること。

　　なお、事業者が、機構に、事業再生計画の実施を通じた事業再生の支援を求める場合は、法第25条に定める再生支援手続によるものとする。
　　　（注）　中小企業再生支援協議会による再生支援、事業再生ADR、私的整理ガイドライン、特定調停等をいう。

4．申込事業者が、労働組合等と弁済計画の内容等について話合いを行ったこと又は行う予定であること。
5．申込事業者が、法第25条第1項第1号の政令で定める事業者及び同項第2号から第4号までに掲げる法人（以下「特定除外法人」という。）並びに再生支援対象事業者でないこと。
　　　（注）　特定除外法人については、申込み時には特定除外法人でないものの、その後、短期間に特定除外法人となることが見込まれる法人（申込み時に一時的に特定除外法人でなくなったものの、その後、短期間に再び特定除外法人となることが見込まれる法人を含む。）については、機構が特定支援をすることができない。

〈特定支援決定に係る買取決定基準〉
　機構は、次の1．から5．の全てを満たす場合でなければ、買取決定

をしてはならない。

1．買取申込み等に係る債権のうち、買取りをすることができると見込まれるものの額及び法第32条の3第1項第2号に掲げる同意に係るものの額の合計額が必要債権額を満たしていること。
2．買取決定の対象となる買取申込み等をした関係金融機関等が回収等停止要請に反して回収等をしていないこと。
3．買取価格は、特定支援決定に係る弁済計画を勘案した適正な時価を上回らない価格であること。
4．買取決定時点においても、特定支援決定基準を満たすこと。
5．特定支援決定までに、特定支援対象事業者が労働組合等と弁済計画の内容等について話合いを行っていなかった場合には、当該話合いを行ったこと。

　REVICは従来の「再生支援業務」に加えて、事業者の主債務およびその代表者等の保証債務の一体整理を行う「特定支援業務」を行うことができるようになった。

　再生支援業務は過大な債務を負う事業者の事業再生支援を目的とするが、特定支援業務は過大な債務を負う事業者の債務に係る代表者等の保証債務の整理実施により、当該代表者等による新たな事業の創出、およびその他の地域経済の活性化に資する事業活動の実施に寄与すること、つまり当該代表者等の再チャレンジを可能にすることを目的とする（機構法32条の2第1項）。

　したがって、特定支援業務は転廃業予定の事業者と親和性が高いと思われる。なお、再生支援業務と特定支援業務の同時実施はできないが、REVIC手続外の「第二会社方式」「事業譲渡」という再生手法に係る残存債務に関して特定支援は可能であり、そうした意味では、広義の再生に資するものでもある。

(2) 業務の流れ

① 特定支援の申込みおよび特定支援決定

特定支援の一義的な申込者は事業者の債務の保証をしている代表者等であり、事業者および当該保証に係る債権を有する金融機関等（メインバンクとは限らない）と三者連名で特定支援の申込みを行う（機構法32条の2第1項）。特定支援の申込みにあたっては、事業者の主債務および代表者等の保証債務の弁済計画を添付する（機構法32条の2第2項）。

REVICは、特定支援の申込みがあった場合、遅滞なく、特定支援決定基準に従って、特定支援をするかどうかを決定する（機構法32条の2第3項）。なお、特定支援決定基準によれば、事業者の主債務および代表者等の保証債務について、破産手続による場合の配当よりも多くの回収を得られる見込みがあるなど、金融機関等にとっても経済合理性が期待できることが必要とされる。

② 買取申込み等の求め

REVICは、特定支援決定を行ったときは、直ちに、事業者および代表者等の債務整理のために協力を求める必要のある金融機関等に対し、当該金融機関等が事業者に対して有するすべての債権（代表者等の保証がついているか否かを問わない）について、次のいずれかを行う旨の回答を求める（機構法32条の3第1項）。

・債権の買取りの申込み
・弁済計画に従って債権の管理又は処分をすることの同意

REVICは、必要に応じて、買取申込み等期間が満了するまでの間、回収等（流動性預金の拘束を含む）をしないことの要請を行う（機構法32条の4第1項）。

③ 買取決定

REVICは、債権の買取申込みに対して、特定支援決定に係る買取決定基準に基づき、買取決定を行う（機構法32条の5第1項）。なお、REVICが買取

決定を行わない場合（1社からも債権買取申込みがない場合など）、REVICは特定支援決定を撤回しなければならない（機構法32条の8第1項）。

REVICの債権買取価格は、特定支援決定に係る弁済計画を勘案した適正な時価を上回ってはならない（機構法32条の6）。

④ 買取債権の管理回収

REVICは、弁済計画および経営者保証ガイドラインに従って、買取債権の管理回収を行う。

REVICは、特定支援決定の日から5年以内（最終は2023年3月31日まで）に買取債権の管理回収等を完了しなければならない（機構法33条2項）。

(3) 特定支援のメリット

いままで、事業者が廃業・清算した場合に、代表者の私財による保証履行は困難であり、自己破産せざるをえず、また、過大な保証債務の相続も放棄されるため、代表者の再チャレンジや後継者への事業承継がかなわない状態にあった。本業務により、金融機関等からしても法的整理前に廃業決意等がなされることで、代表者からの保証履行を限定的としたとしても、事業者からの債権回収額が増加することで、経済合理性が認められることにより、双方にメリットがある。

また、事業者の資産評定、保証人の私財調査を金融機関等が個別に行うのでは、費用も取引金融機関の数だけ増加する可能性があること、さらに他行にもその結果の理解を得るためには時間と労力が必要であることから、REVICがその業務を担うことで、金融機関等はその費用負担の軽減が受けられるとともに、他行交渉からも解放されるというメリットがある。

6 特定信託引受け

(1) 業務内容

　特定信託引受業務とは、REVICが非メインの金融機関等が有する事業者に対する貸付債権等の信託の引受けを行うものである（図表3－10参照）。

　特定信託引受業務は、再生支援決定に求められるような事業再生計画の策定には時間を要するが、取引金融機関等の協力を得て地域で再建を目指す中小企業者等が主な対象である。

　REVICは、特定信託引受対象事業者（複数の金融機関を債権者とする中小企業者）に対して、一または二以上の金融機関等が有するすべての貸付債権等の信託の引受けを行うことができる。

図表3－10　特定信託引受業務

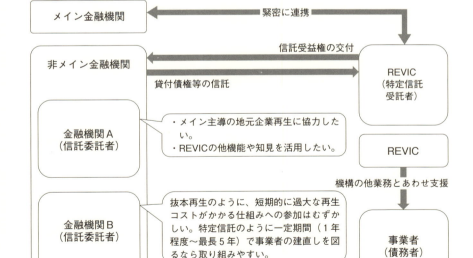

一または二以上の金融機関を債権者とする中小企業者は、事業再生支援を要請するにあたり、中小企業者に対して有する債権の額が最も多い金融機関等（メイン行）と信託をしようとする金融機関等と連名で、特定信託引受けの申込みをすることができる（機構法32条の９）。
　支援基準は以下のとおりである。

〈特定信託引受決定基準〉
　機構は、次の１．から４．までの全てを満たす場合でなければ、特定信託引受決定をしてはならない。
１．申込事業者に対する貸付債権の額が最も多い金融機関等による当該事業者に対する事業の再生の支援の方針が、当該事業者の属する事業分野の特性、当該事業者の規模等を十分に勘案したものであり、かつ、当該金融機関等にとって、事業の再生の支援を行う合理性があると認められること。
２．地域経済にとって有用な資源を有しており、それを有効に活用することができると見込まれること、主要な事業部門で利益を計上していること、スポンサー等から事業の再生に必要な投融資を受けることができると見込まれること、労働者の理解と協力が得られると見込まれることその他の申込事業者の事業の状況に照らし、当該事業者が経営の改善のための計画を作成した上で、特定信託引受決定が行われると見込まれる日から５年以内にその事業の再生を図ることができると見込まれること。
３．申込事業者が特定信託引受けの申込みをするに至った経緯に照らし、機構が当該特定信託引受けをしなければ、当該事業者の事業の再生を図ることが困難であると認められること。
４．申込事業者が、特定除外法人又は再生支援対象事業者でないこと。
　　（注）　特定除外法人については、申込み時には特定除外法人でないものの、その後、短期間に特定除外法人となることが見込まれる法人

> （申込み時に一時的に特定除外法人でなくなったものの、その後、短期間に再び特定除外法人となることが見込まれる法人を含む。）については、機構が特定信託引受けをすることができない。

(2) 特定信託引受けのメリット

　この機能を活用することにより、中小企業者等自らが債権者間調整を行う負担が軽減され、メインの金融機関等による集中的な事業再生支援の実施、たとえば事業再生計画の作成などが期待できる。また、REVICの他の業務（例：特定専門家派遣等）もあわせた事業再生支援を行うこともできる。たとえば、REVICの専門家を取引先に派遣し、経営に関与したうえで事業再生計画を作成することは有用である。事業再生支援業務においては再生支援決定をする前に詳細なDDを実施しているが、情報漏えい防止の観点から、DDの際に接触できる社員は限定される。それゆえ、会社の事業再生計画の遂行能力について一定の不確実性をもって臨まざるをえない状況である。しかし、特定信託引受けにおいては、専門家派遣等で機構職員が会社に一定期間（1年程度）ハンズオンすることで、そういった不確実性も解消されるため、より実現可能性がある事業再生計画が作成できるし、その後のハンズオン支援も、一度経営に入り込んでいるため非常にスムーズである。他方で、事業再生計画の作成に時間が必要であることから、資金繰り等の時間的制約がある案件の対応はむずかしいと考えられている。

7 特定出資（事業再生子会社支援業務）

(1) 業務内容

　特定出資業務とは、金融機関等が設立した事業再生子会社（金融機関等か

図表 3 −11　特定出資業務（事業再生子会社支援業務）

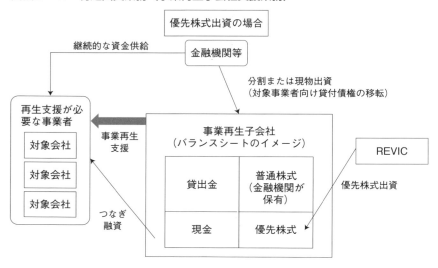

ら分割または現物出資により事業再生が必要な中小企業者等に対する貸付債権の移転を受ける貸金業者である事業再生子会社）に対してREVICが出資または融資（優先株式または劣後ローン）を行うものである（図表3−11参照）。REVICは、事業再生子会社に事業再生専門家を派遣するとともに、取引先にも人材の派遣および資金の提供をし、事業再生を支援する。取引先が事業再生を果たした場合は、親金融機関よりリファイナンスを受け、事業再生子会社からはエグジットする。

当該業務を行うにあたり、支援基準は以下のとおりである。

〈特定出資決定基準〉
　機構は、次の1.から5.までの全てを満たす場合でなければ、特定出資決定をしてはならない。
1. 特定出資の申込みをした金融機関等による貸付債権移転対象事業者に対する事業の再生の支援の方針が、当該事業者の属する事業分野の特性、当該事業者の規模等を十分に勘案したものであり、かつ、当該

金融機関等にとって、事業の再生の支援を行う合理性があると認められること。
2．地域経済にとって有用な資源を有しており、それを有効に活用することができると見込まれること、主要な事業部門で利益を計上していること、スポンサー等から事業の再生に必要な投融資を受けることができると見込まれること、労働者の理解と協力が得られると見込まれることその他の貸付債権移転対象事業者の事業の状況に照らし、当該貸付債権移転対象事業者が経営の改善のための計画を作成した上で、特定出資決定が行われると見込まれる日から5年以内にその事業の再生を図ることができると見込まれること。
3．金融機関等及び当該金融機関等に係る株式会社が特定出資の申込みをするに至った経緯に照らし、機構が当該特定出資をしなければ、当該株式会社が出資又は資金の貸付けを受けることが困難であると認められること。
4．貸付債権移転対象事業者が経営の改善のための計画を作成し、かつ、当該計画を達成することができると見込まれるとき、又は貸付債権移転対象事業者の経営が改善したと認められるときは、当該貸付債権移転対象事業者に対し、当該貸付債権移転対象事業者に対する貸付債権を当該特定出資の申込みをした株式会社に移転する金融機関等が資金の貸付けを行うことが見込まれること。
5．特定出資の申込みをした株式会社の人的体制に照らし、当該株式会社が行う貸付債権移転対象事業者に対する資金の貸付けを、当該貸付債権移転対象事業者に対する貸付債権を当該株式会社に移転した金融機関等が4．に規定する資金の貸付けを行うまでの間における当該貸付債権移転対象事業者の事業の継続に欠くことができないものに限ることその他の当該株式会社の業務の適切な運営を確保することができると見込まれること。

当該スキームにおいて対象となる貸出債権は、事業再生を企図した債権である。担保資産等の処分による債権の回収や廃業を予定している貸出先は対象とならない。あくまで金融機関が行う事業再生を支援するツールである。

　金融機関が主体的に行うことが前提となる以上、特定出資基準においてもその主体性が要件となっている。特定出資決定基準の1において、特定出資の活用において持込金融機関の支援の方針や支援することの合理性が要求されている。さらに特定出資決定基準4においても、事業再生を果たした場合においては、持込金融機関のリファイナンスの見込みが要求されている。つまりは、事業再生が果たせれば事業再生子会社へ移転された債権が持込金融機関に復帰することが一つの前提となっており、実質的に持込金融機関の取組姿勢が前提条件となっている。

　それゆえ事前相談の段階では、持込金融機関は事業再生子会社に対し移転対象となる取引先について、マスタープランを設計しておく必要がある。たとえば、事業再生の可否、金融支援のイメージ、事業再生ストラクチャー、事業再生を果たした際のバランスシートのイメージ、取引先の経営陣の協力状況、将来のガバナンス（スポンサーの有無も含め）などである。特定出資基準の2においても、「貸付債権移転対象事業者の事業の状況に照らし、当該貸付債権移転対象事業者が経営の改善のための計画を作成した上」とマスタープランの作成を要件としている。マスタープランの設計に関しては、REVICもサポートしていく。

　事業再生子会社に移転した貸出債権は、設立した事業再生子会社の議決権比率が100%を維持される限りにおいては、貸倒引当金を反映した簿価での引継ぎとなる。

(2) 特定出資のメリット

　特定出資業務の金融機関のメリットは次の2点である。
・REVICの事業再生ノウハウの吸収と活用
・事業再生の加速化

設立した事業再生子会社にはREVICから専門家を派遣できる（特定専門家派遣）。事業再生の経験が豊富なREVICの専門家と協業することで、業務を通じ、ノウハウを吸収することが期待されている。座学中心の研修では限界があり、やはり現場での経験がいちばんのスキルアップになるからである。

　事業再生の可能性を検討する場合、法務、税務・会計といった専門的な知識が必要になるケースが多くある。REVICには弁護士、公認会計士、税理士および不動産鑑定士といった多くの専門家がおり、彼らのノウハウだけでなく彼らが有している社内外のネットワークを十全に活用することができる。

　地域金融機関単独ではなかなか進まない取引先の事業再生をREVICの専門家との協業により加速化できると期待される。地域の実情は地域それぞれで異なり、複雑であろう。事業再生の初動対応時には、金融機関は取引先に対して経営責任、保証人責任といった責任論の説得など厳しい対応を迫らざるをえないことになる。この手の説得は過去の取引経緯も絡み、なかなか容易ではない。

　REVICの専門家がすべてを解決できるわけではないことはもちろんであるが、取引先と直接接触することで従来とは違ったアプローチができるかもしれない。事業再生子会社に派遣されたREVICの職員は過去の経緯のしがらみがなく、一歩踏み込んだ新たな提案をするなどその関係に新たな展開が期待できる可能性がある。

　さらに補足すれば専門家派遣には、金融機関の行員が事業再生子会社に出向し、取引先の事業再生に特化できる利点も大きい。金融機関の事業再生支援担当はたいてい多くの業務を兼務しており、なかなか案件に集中できないこともあろう。それゆえに進捗が悪いケースも散見される。事業再生は、時間との勝負でもあるので、力量のある銀行員がその業務に特化できる環境が整えば案件の進捗は加速化し、ノウハウも吸収できると考えられる。

第4章

地域活性化ファンド

2013年3月の改組により、REVICは地域活性化ファンドの組成ができるようになった。従来までは事業再生のみの業務内容であったが、ファンドの組成を通じて成長期、成熟期の企業の支援も可能となり、業務活動領域が拡大した。本章においては、REVICが組成した、または組成を検討している地域活性化ファンドのコンセプトについて事例も交えながら詳述する。

1　REVICが目指す地域活性化

(1)　地域の実情

　人口減少が進む地域経済の今後においては、単なる規模拡大を前提とした成長だけではなく、事業の撤退、既存事業から新規事業への業態転換といった生産性の向上が重要な戦略となってきている。こうした問題は企業の構造を根本的に変えていくことから企業単独では解決できず、地域金融機関や多くの専門家で解決に向けて挑む必要がある。REVICには金融、事業、法律、会計・税務など多くのプロフェッショナルスタッフを抱えており、地域金融機関へのサポートができる体制を整えている。

　実際の地域活性化の現場においてはこういった企業が抱える問題をハンズオンで解決することを目指し、持続可能なモデルケースを一つでも多く創出することが期待されている。そして、このようなモデルケースを、全国で同種の悩みを抱える地域、産業の問題解決手段の一つとして横展開していくことが求められている。

　REVICの支援対象はあくまで個々の企業であって産業全体ではない。再生支援であれベンチャー支援であれ成長・再成長に向かう企業に関与し、当該企業の成長を起点に、地域産業全体への波及効果による地域経済全体の成長を目指している。地域の面的な活性化（面的再生）は、ステークホルダーである地公体、事業会社、金融機関等が同床異夢であるケースも散見され、

結果として合意形成に至らないケースが多いとされる。地域が面的に活性化していけば、地域に所在する企業の多くも成長の機会に恵まれる。しかし、入口段階では参加者全員が地域の活性化について異を唱えなくとも、個別企業の具体的な問題解決に着手した時点で、互いの利害関係が錯綜し、反対意見が噴出し、結果として何も進まないケースが多くある。このいわば「総論賛成、各論反対」が面的活性化の典型的な阻害要因になっている。

面的な活性化を目指すには、これに参加する企業の共存共栄的な精神がカギになる。しかし、経営者、財務体質、事業概要、顧客などが異なり、互いにしのぎを削っている企業群が、己の利益を犠牲にしながら地域全体の活性化に合意していくのは、必ずしも容易ではない。

REVICにおける地域活性化もそのような地域特有の事情に配慮し、現実的な戦略として、ニーズのある個々の企業を支援対象とし、これをパイロットモデルとし、このモデルをその支援企業を基軸に全体へ波及することを想定している。もっとも、地域の関係者の合意形成ができている場合には、それを前提にした活性化施策を支援することになる。

(2) リスクマネーの供給体制

2014年に公表された金融モニタリング基本方針において、担保や保証に頼らない事業性を重視した融資の取組みが金融機関に期待されている。こうした融資が充実されれば地域経済の活性化が推進されることが見込まれる。REVICにおいても新規事業、業態変換等に必要となる資金で、主にエクイティとして供与されるようないわゆるリスクマネーを地域活性化ファンドから供給することを地域活性化の手法の一つととらえている。

間接金融が発達したわが国においても、人口が増加傾向にある経済の右肩上がりの高度成長期においては、企業の成長資金は金融機関から比較的容易に調達できた。しかし現在のように生産年齢人口が減少するなど経済が成熟期に入るとかつてのような成長シナリオが描けず、金融機関もややもすれば保守的な思考にとらわれがちになることもあろう。しかも、業種転換、撤

退、新規事業の進出など構造改革に必要な資金は回収の不確実性が高く、融資になじまないことが多い。このような資金はエクイティ性資金でまかなうべきであり、ファンドの存在が非常に重要になってくる。しかし、わが国においては、民間のプライベート・エクイティファンドが増えてきているものの、その数は十分ではないという声が大きい。たとえば、ベンチャー投資でいうと、2001～05年の5年間の平均投資残高は、アメリカは30兆円、ヨーロッパは20兆円に対し、日本は9,500億円である[2]。資本主義の浸透や国民性を考慮しても、先進国対比で日本が少ないのは明らかである。さらに、日本においても多くは東京、大阪、名古屋、福岡といった大都市圏への投資が中心であり、他の地域にいくと極端に投資額は少なくなる。大都市圏以外の地域にリスクマネーを十分に提供できる体制とは言いがたい。

この地域分布の偏りは、大都市圏以外にファンドの投資対象となる企業数が少ないことに起因していると考えられる。さらに、投資事業のリターンは投資対象となる規模との相関性が強いことから、大企業の数が少ない大都市圏以外の地域ではリスクマネーが集まりづらい状況にあると推測される。

こうした背景により、地域経済の資金供給者である地域金融機関への期待が高まっている状況にある。地域金融機関の営業基盤は「地域」であり、その地域から離れることはない。営業地域の経済の成長がそのまま自行（庫）の成長に直結するわけであるから、地域にリスクマネーを供給する体制を構築することは地域金融機関にとって重要な戦略であるといえる。そのためREVICが組成するファンドの多くは地域金融機関と協働している。

(3) 地域活性化ファンドの取組テーマ

REVICの地域活性化ファンドは次の2種類を想定している。一つは、地域経済の活性化のカギを握るような産業に特化した「テーマ型ファンド」、

---

[2] 公益財団法人年金シニアプラン総合研究機構「プライベート・エクイティ投資に関する調査研究平成23年度研究報告書」（2012年3月）10頁（第2章2．ベンチャーキャピタル（VC））から引用。

もう一つは、地域金融機関のノウハウ移転を目的とした「地域金融機関支援型ファンド」である。

テーマ型ファンドの検討においては、地域金融機関をはじめ、事業者、地方公共団体等にニーズをヒアリングした。その結果、以下の四つのテーマに着目することとなった。
・観光
・ヘルスケア
・ものづくり企業をはじめとする地域中核企業
・一次産業

各地域で独自の産業が発展しているため、地域ごとのばらつきもあるが、おおむねこの四つのテーマについて地域で共通して関心が高いことがわかった。しかし、このうち一次産業については、㈱農林漁業成長産業支援機構（A-FIVE）が、六次産業化を支援していることから、官民ファンドのデマケーション（役割負担）も考慮し、一次産業については現状では重点対象とはなっていない。もっとも一次産業の成長のソリューションが必ずしも六次化とは限らないことから、六次化以外のニーズがあれば対応することも十分考えられる。

一次産業を除いた三つのテーマをREVICにおいては重点検討テーマとしている。ETICの時から、観光については、㈱グランビスタホテル＆リゾート、芝政観光開発㈱、会津乗合自動車㈱の再生支援を、ヘルスケアについては、医療法人養生院をはじめ複数の医療法人、医療周辺産業として㈱岸本医科学研究所の再生支援を行っている。また、ものづくり企業をはじめとする地域中核企業については、㈱富士テクニカ宮津、㈱アークなど複数のＢ２Ｂ、すなわち企業間取引の多い製造業の再生支援に携わっていることから十分なノウハウを有している。

この案件で活躍した既存の人材をベースにさらに観光およびヘルスケアに精通した人材を追加採用し、社内でヘルスケアチームおよび観光チームを組成し、より高度で専門的な支援ができる体制を整備している。

以下、観光、ヘルスケア、ものづくり企業をはじめとする地域中核企業についてREVICの取組みについて述べたい。

2 観　　光

(1) 着地型ビジネスモデルへの転換

　2014年上半期において、訪日外国人旅行者数は前年同期比26.4％増の626万人となり（日本政府観光局2014年7月23日公表）、前年を大きく上回っている。加えて、2020年のオリンピック・パラリンピック東京大会の開催もあり、観光産業は追い風ムードである。観光庁の開示データによると、2012年の旅行消費における生産波及効果は、46兆7,000億円にのぼると推計されており、雇用誘発効果は399万人である。

　政府は「『日本再興戦略』改訂2014―未来への挑戦―」（2014年6月24日閣議決定）において、オリンピック・パラリンピック東京大会開催年である2020年に向けて、訪日外国人旅行者数2,000万人の高みを目指すこととしており、①2020年オリンピック・パラリンピック東京大会等を見据えた観光振興およびインバウンド（訪日外国人旅行者）の飛躍的拡大に向けた取組、②更なるビザ発給要件の緩和、外国人の長期滞在を可能とする制度の創設および出入国手続の迅速化・円滑化、③世界に通用する魅力ある観光地域づくり、外国人旅行者の受入環境整備および国際会議等（MICE）の誘致・開催の促進と外国人ビジネス客の取込みを、講ずべき具体的施策として掲げている。観光産業は裾野が広く、宿泊業、運輸業（バス、タクシーなど）だけでなく、小売業、飲食業といった他の産業への波及効果が大きいのが特色である。これらの多くはサービス業であり、この産業の生産性を向上させることは大きなインパクトがあると考えている。とりわけ、人口減少のさなか、国内の旅行消費は細ることが予想されているので、インバウンドの拡大は観光

産業の絶好の成長機会ととらえ、そこの取組みをどのようにしていくかは観光産業全体で検討していくべき課題と認識されている。

従来の観光は「発地型」のビジネスモデルといわれている。大手の旅行代理店が、都市部のマスマーケットに対し観光地の情報発信をし、都市部から観光地に送客することを前提にした旅行商品であった。企業の社内旅行やパッケージツアーといった団体旅行がそれである。大量送客を前提にした場合、汎用的な観光資源がもてはやされていた。

しかしながら、顧客が旅行商品に望むニーズが多様化してきており、汎用的な観光資源だけでは顧客満足を高めることはむずかしくなった。顧客は、観光地において、農業体験、自然体験、伝統工芸品の製作といったその地域でしか味わえない独自性の高い体験やこの体験を通じた現地での人的交流を期待している。

そのため、観光地において、地域の観光資源（たとえば自然資源や文化的な建築物など）を自ら発掘し、ターゲット顧客を設定し、そこに観光資源の魅力をきちんと発信することが重要になってきている。

こうした、観光地からターゲット顧客にプロデュースする「着地型」といわれるビジネスモデルが注目されている。観光庁もホームページにおいて、このビジネスモデルを推奨している。

着地型は、観光地でそれぞれ独自性を出すことになるため、地域活性化を標榜する当組織の目的により整合的なビジネスモデルであると考えられる。また、訪日外国人観光客を取り込んでいくためには、この地域で日本文化を体感できるというメッセージを出していくべきである。島国である日本の独自性の高い文化が諸外国にはユニークに映り、諸外国の観光客に多くの関心を誘うことができるものと期待している。

(2) 観光バリューチェーンに基づく観光活性化

着地型に転換するうえで、REVICは以下の五つを前提にした観光バリューチェーンにのっとり、地域の観光産業の問題点を分析しソリューションを提

案している（図表4－4参照）。

・素材
・魅力
・発信
・アクセス
・滞在

　これらは一つの会社で完結するものではなく、地公体や地元企業との連携が必須である。観光産業は官民連携で成立する産業であり、半官半民のREVICはその調整役に最適な存在であると自負している。

　地域には観光資源があふれている。文化歴史資源、自然資源、建築物だけでなく、食文化、さらには農業、漁業、畜産に広がっている。こうした観光資源つまり「素材」を「魅力」あるものに転換し、ターゲットとなる顧客層に「発信」していくことに地域全体で取り組む必要がある。たとえば、最近観光客でにぎわっている兵庫県にある「竹田城跡」を事例としてあげる。竹田城のある朝来市のホームページには次のように書かれている。

> 　秋から冬にかけてのよく晴れた早朝に朝霧が発生することがあり、但馬地方の風物詩となっています。この雲海に包まれた姿や竹田城から見下ろす風景は、まさに天空に浮かぶ城を思わせ、いつの間にか「天空の城」・「日本のマチュピチュ」とも呼ばれるようになりました。この幻想的な風景を一目見ようとたくさんの人々が訪れます。
> 　　　　　　　http://www.city.asago.hyogo.jp/「竹田城跡の概要」から引用

　単なる山城跡とみなされていた史跡が「日本のマチュピチュ」という世界に通用する観光価値に生まれ変わったのである。

　こうした「魅力」はさまざまなメディア媒体で展開されることになる。TVや雑誌はもちろんであるが、フェイスブックやツイッターといったソーシャル・ネットワーキング・サービス（SNS）を通じても展開される。大切

なのはどういう顧客層をターゲットとしているかである。朝来市のホームページをみてみると、次のように記述されている。

> また、平成24年に竹田城跡が「恋人の聖地」として認定を受けました。恋人の聖地にあやかろうと、若いカップルたちも多く訪れています。
> http://www.city.asago.hyogo.jp/「竹田城跡の概要」から引用

これをみると「恋人の聖地」という言葉を利用して「若いカップル」向けに「発信」していることがわかる。

竹田城跡を例に紹介したが、観光地にだれを呼べるのか、呼びたいのか検討し明確にしなければ、マーケティングコストを浪費することになる。ありきたりのパンフレットを配布するだけでは観光客は来ない。顧客ターゲット層が利用するメディアに効果的に情報を投げ込まなければ、限りある地域の財源を浪費することになる。

「魅力」の「発信」を受け取った顧客が「行きたい」と感じたら、次にどうやって現地までいき（「アクセス」）、どこに宿泊するのか（「滞在」）を検討するはずである。「アクセス」「滞在」は顧客が観光地を選定するうえで重要な要素である。交通アクセス網の整備をし、移動時間の短縮や利便性の向上を目指していくことは顧客満足度を高め、リピーターを呼び、「発信」のためのマーケティングコストの負担が軽減される。「滞在」も同様である。来訪者のニーズに応じた宿泊環境の整備はもちろんのこと、コンテンツの質・量の確保、四季ごとの異なる魅力の提示、地元民との交流といったものを提供できなければリピーターは現れないであろう。

(3) 観光マザーファンドの組成

REVICは、こうした背景のもと、まず、2014年1月に紀陽銀行と共同して、県内および近隣地域の観光産業の活性化に資する事業者を対象としたわかやま地域活性化投資事業有限責任組合（以下、「わかやまファンド」）を組成

した（図表4－1参照）。続いて同年4月に日本政策投資銀行と㈱リサ・パートナーズと共同して、観光活性化マザーファンド投資事業有限責任組合（以下、「観光マザーファンド」）を立ち上げた（図表4－2参照）。さらに、2014年5月28日に観光庁と包括的連携協定を結び、地域との橋渡しを加速化させて

図表4－1　わかやま地域活性化ファンド

図表4－2　観光活性化マザーファンド

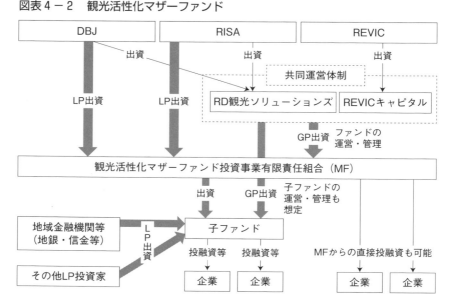

いる。この連携協定によって、当面、以下の地域活動について連携することになっている（図表4－3参照）。
・観光資源の磨き上げ、目玉となる観光新商品の開発と国内外への情報発信
・来訪者が観光地においてスムーズに移動できる環境の整備
・宿泊産業の再生・活性化と来訪者のニーズに対応した滞在環境の提供
・若手経営者・後継者を対象とした実践的な経営指導等による人材育成
・優れた事業に対する表彰等

　また、観光マザーファンドの組成額は、13億円とさほど大きくないが、観光マザーファンドを呼び水に、各地域において地域金融機関と連携して、子ファンドを組成することが主たる目的となっている。この子ファンドで行う投資案件の成功体験を、各地域へ横展開し共有することを目指している。
　この観光マザーファンドは、着地型のビジネスモデルの推進に取り組む。

図表4－3　観光庁とREVICとの連携・協力の概要

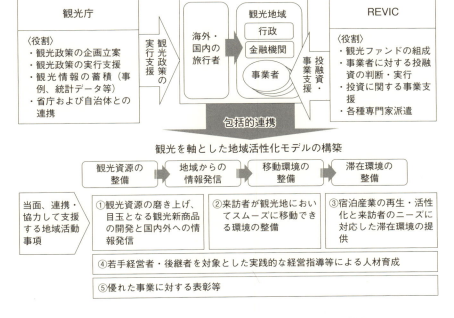

第4章　地域活性化ファンド

観光で活性化を目指す地域にREVICの社員が直接現地に赴き、現地の事業者とのディスカッションを通じて、図表4－4に掲げた観光バリューチェーンにのっとり、地域の強み弱みを最初に把握し、課題を抽出する。その課題の解消策として以下の四つのモデルで改革を実行していく。
・観光資源の再整備
・観光地からの発信・集客
・交通インフラ改革
・宿泊業改革

たとえば、ある地域で将来的にインバウンドの拡大に取り組みたいのであれば、外国客のニーズに対応した宿泊環境の整備が必要となるし、外国客に

図表4－4　REVICの考える「地域観光活性化モデル」

観光バリューチェーン	素材	魅力	発信	アクセス	滞在（提供）
	地域のハード、ソフトの資源	ターゲットに合った魅力づくり	地元からの魅力の発信	人を運ぶ仕組みづくり	魅力を満足に変える価値提供
	・自然資源 ・建築 ・文化歴史資源 ・農産、漁業、畜産 ・食文化、名物 ・アクティビティ ・レジャー施設	・ターゲット顧客の特定 ・ガイド ・ビジュアル ・ネーミング ・素材の掛合せ ・イベント企画	・マスメディアの有効活用 ・旅行商品への組込み ・Web、SNS ・多言語対応	・一次交通 ・二次交通 ・アクセス情報 ・ネット環境	・基本要素の充実 ・リピーターづくりへのフック

モデル事業への支援	①観光資源の整備	②地域からの情報発信	③移動環境の整備	④滞在環境の整備
	・ターゲット顧客特定 ・ターゲットに対応した観光資源発掘・目玉観光資源の整備	・地元からの発信 ・DMC（注） ・ターゲットに応じたプロモーション施策	・利便性向上 ・移動時間の短縮	・来訪者のニーズに対応した宿泊環境の提供

（注）　DMC：Destination Management Company。

対し、統一したプロモーションが必要となる。たとえば日本に在住している外国人を活用し、Webからの発信などが考えられる。二次交通の整備が不十分であるのなら、公共交通パスポートなどを発券するなどして再整備しなければならない。

観光マザーファンドにおいては、地域ぐるみの観光地の発展のため、観光における地域の課題を専門人材とリスクマネーで解決することを目指している。

3 ヘルスケア

(1) ヘルスケア産業の政策の方向性

高齢化社会が急激に進展し、公的保険制度がひっ迫するなか、現在、医療費介護費あわせて48兆円にのぼっており、2020年には78兆円に達するという試算もある。そのなか、政府は、地域包括ケアシステム[3]の成立、健康寿命延伸産業の拡大を推進しており、ヘルスケア産業全体の枠組みが大きく変化しようとしている。

地域包括ケアシステムとは、重度な要介護状態となっても住み慣れた地域で自分らしい暮らしを人生の最後まで続けることができるよう、住まい・医療・介護・予防・生活支援が一体的に提供されるシステムを指しており、厚生労働省は2025年をメドにこのシステムの構築の実現を目指している。

---

[3] 厚生労働省は、2025年（平成37年）を目途に、高齢者の尊厳の保持と自立生活の支援の目的のもとで、可能な限り住み慣れた地域で、自分らしい暮らしを人生の最期まで続けることができるよう、地域の包括的な支援・サービス提供体制（地域包括ケアシステム）の構築を推進している。団塊の世代が75歳以上となる2025年を目途に、重度な要介護状態となっても住み慣れた地域で自分らしい暮らしを人生の最後まで続けることができるよう、住まい・医療・介護・予防・生活支援が一体的に提供される地域包括ケアシステムの構築を目指している（厚生労働省ホームページ「地域包括ケアシステム」から引用）。

具体的には、プライマリーケアにおけるクリニックの重要性が高まり、療養・介護の在宅化が進み、公的保険制度を補完する民間サービスが拡充されていく方向である。

上述の動向をふまえ、各行政機関は多方面にわたり取組みを強化している。

経済産業省は2013年12月以降、複数回にわたって「次世代ヘルスケア産業協議会（座長：永井良三 自治医科大学学長）」を開催し、主に予防・健康増進等の民間サービスの拡充施策について集中的に検討が行われた。2014年6月5日に提出された中間取りまとめのなかでは、新たなヘルスケア事業創出のための環境整備として①グレーゾーン解消等の規制緩和、②地域版ヘルスケア産業協議会の設置、③REVICの地域ヘルスケア産業支援ファンドの活用、④アクティブシニアの活用等、制度面、資金面、人材面の施策が掲げられた。

上記次世代ヘルスケア産業協議会の提言に基づき政府は、2014年6月24日発表の「『日本再興戦略』改訂2014—未来への挑戦—」（成長戦略）においても、REVICが設立する地域ヘルスケア産業支援ファンドの活用を明記し、地域における新たなヘルスケア産業創出を促進するためのリスクマネー供給、および経営人材派遣を積極的に推進することとしている。

(2) 地域ヘルスケア産業支援ファンドの設立

ヘルスケア産業の成長発展のためには、今後は医療機関・介護事業者のみならず、民間サービスを含めたヘルスケア周辺事業者、異業種事業者が、地域単位で一体となって成長を果たしていく必要がある。

しかし、ヘルスケア産業は、病院の建替えや介護施設の建設等の不動産事業を除き、労働集約的な産業であるため、担保資産が少なく、加えて、規模が小さく、事業成長に要する時間も長期化するため、従来、事業成長に必要なリスクマネー（出資）が流れ込みにくい状況であった。

さらに、ヘルスケア産業は、医師、看護師、介護士、ケアマネジャー等の

専門職が中心的な位置を占め、高い公共性と一定の収益性の両立を要請される特徴的な産業構造が成立しているため、当該ヘルスケア産業に精通しつつ、ビジネスモデル構築や事業計画の作成実行を推進できる経営人材の確保に苦慮しているとされる。

REVICにおいては、事業成長に必要なリスクマネーの提供のみならず、REVICが豊富に有するヘルスケア産業に精通した経営人材を集中投入することで、ヘルスケア産業の拡大モデルケースの構築を図っていきたい。

また、これまでREVICの前身であった企業再生支援機構時代から、ヘルスケア産業、とりわけ医療機関の事業再生に取り組んできており（14件、2014年8月末現在）、社内にヘルスケア専属のチームを組成し、ノウハウ、成功や不成功体験を含む「学習された教訓（lessons learned）」等の情報を共有化している。今般、地域経済の活性化に取り組むにあたり、これらのナレッジをフル活用したいと考えている。

こうした考えのもと、REVICは経済産業省商務情報政策局ヘルスケア産業課等と連携しながら、メガバンク、地域金融機関等の出資を得て、2014年9月1日に「地域ヘルスケア産業支援ファンド」を23億5,000万円で組成

図表4-5　地域ヘルスケア産業支援ファンド

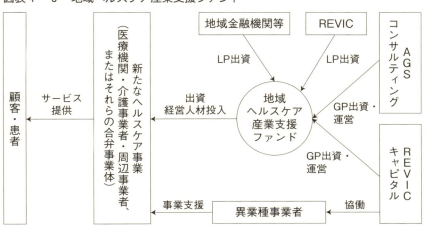

図表4－6　地域ヘルスケア産業支援ファンドの概要

名　称	地域ヘルスケア産業支援ファンド投資事業有限責任組合
ファンド総額	100億円
組合員構成	みずほ銀行 常陽銀行 千葉銀行 横浜銀行 福岡銀行 西日本シティ銀行 横浜キャピタル AGSコンサルティング REVIC REVICキャピタル　等
設立日	2014年9月1日
存続期間	約7年間
業務運営者	REVICキャピタル、AGSコンサルティング

し、追加の出資を受けてファンドは総額100億円となった（図表4－6参照）。このファンドはヘルスケア産業全体を対象とし、出資機能と経営人材投入機能を兼ね備えたものであり、REVICのノウハウを最大限活用することになる。

4　ものづくり企業をはじめとする地域中核企業

　製造業は、基本的にグローバル市場で競争にさらされる業界である。世界の製造業GDPは、ここ20年間で大きく様変わりしている。中国、ASEANといった新興国が伸長し、世界の製造業の中心はこれらの新興国にシフトしつつある。国内製造業は、アメリカとの差が再拡大、ドイツとの差は縮小、ASEANには猛追されている（図表4－7参照）。国内製造業の投下資本利益

図表 4 - 7　製造業GDPの推移

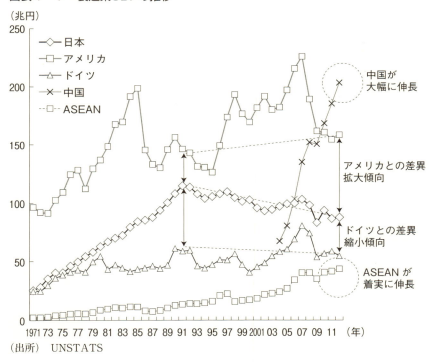

（出所）　UNSTATS

率（以下、「ROIC」）の推移をみてもわかるが、日本の製造業は長期的に資本効率が低下してきており、これがGDP減少の主要因と考えられる（図表4－8参照）。

　実質GDPの成長率は、①資本投入量の伸び率、②労働投入量の伸び率、③全要素生産性から構成される。日本国内の生産年齢人口[4]は2010～50年にかけて約2,700万人減少する見込みである（図表4－9参照）。このような状況において、高齢者や女性の活躍が重要視されているが、加えて、資本投入量と全要素生産性を高める必要がある。

4　ここでは15歳以上59歳未満の人口をいう。

図表4－8　国内製造業のROIC推移

（注）　ROICは（当期純利益＋支払利息）を（ネットデット＋純資産）で除して算出。
（出所）　法人企業統計

図表4－9　日本の人口構成

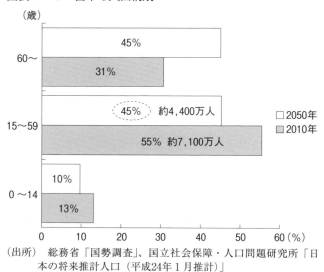

（出所）　総務省「国勢調査」、国立社会保障・人口問題研究所「日本の将来推計人口（平成24年1月推計）」

図表4-10　設備年齢の上昇

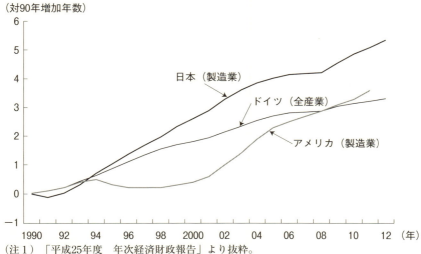

（注1）「平成25年度　年次経済財政報告」より抜粋。
（注2）元データ：内閣府「民間企業資本ストック」、U. S. Bureau of Economic Analysis "Current-Cost Average Age at Yearend of Private Fixed Assets by Industry"、European Commission "Annual macro-economic database" により作成。日本の初期年齢は1970年「国富調査」、ドイツの初期年齢は「平成7年度年次経済報告」をもとにして設定した。算出した値は統計の差異もあるため、相当の幅をもってみる必要がある。日本の値は2005年基準の実質値から算出。過去の値は水準調整を行ったうえで接続。ドイツの値は統計データの制約から全産業で算出。
（注3）日本の設備年齢は、直近で16.4年。
（出所）第一生命経済研究所

　図表4-10にあるとおり、1990年以降の設備年齢推移をみると、日本の設備年齢は5年程度老朽化する一方、ドイツやアメリカは3年程度であり、日本の資本投入量は競合する先進国に劣っている。GDP成長率を高めるには、労働投入量の急上昇はむずかしいため、資本投入量の増加が不可欠である。
　国内需要は人口減少が予想されるため、縮小していく見込みである。したがって、国内製造業の成長にとって、外需獲得が最大の課題といえる。特に、近隣のアジアにおいては、2010～50年にかけて人口が41億6,000万人から51億6,000万人に24％程度増加すると見込まれ[5]、規模・成長率ともに魅力的な市場である。

第4章　地域活性化ファンド　105

こうした環境をふまえると、成長機会はアジアにあり、国内労働力が減少していくなかで、日本の製造業の生産はアジアにシフトしていくものと予想されている（産業の空洞化）。このような状況下、日本の製造業が国内拠点を存続、発展させるためには、国内の工場を「マザー工場」として機能強化し、製品販売だけでなく技術支援や知的財産権からの収入、投融資からの利息・配当収入などヒト、モノ、カネすべての領域で海外から日本への資金還流を促すことが必要である。この海外からの資金還流によって、研究開発・設備投資・雇用確保等への活用を促進し、各地域で好循環を形成していくことが重要になる。なお、政府の成長戦略では、GDPに加え、海外からの所得の純受取りを含めたGNIも重視されている。

　こういった現状認識のもと、日本のものづくり企業をはじめとする地域中核企業を支援できるような活性化ファンドを検討中である。

5　地域金融機関支援型の活性化ファンド

　地域金融機関が、その営業地域において融資では対応しにくい取引先に資金提供したい場合、ファンドは一つの有効な営業ツールといえる。地域経済からみれば、地元金融機関主体によるリスクマネーの提供体制が整っていることは、地域経済のいっそうの成長のために有用といえる。

　他方で、地域金融機関からすると、これまでは融資中心の営業で、必ずしもメインの営業領域ではなかったファンド業務は、単独では推進しづらいという実態もある。REVICは、地域にリスクマネーの提供体制を整えたい金融機関を支援する地域活性化ファンドを「地域金融機関支援型」と呼んでいる。

5　"Total population (both sexes combined) by major area, region and country, annually for 1950-2100 (thousands)". *World Population Prospects: The 2012 Revisions*. United Nationsより。

この「地域金融機関支援型」の活性化ファンドの運営は、原則として地域金融機関が運営主体になり、地域金融機関のニーズに応じて、REVICがファンド業務の一部を支援している。
　REVICはそのようなかたちで活性化ファンドを組成し、投資実行の支援をしてきている。
　2014年4月には滋賀銀行と連携し、「しがぎん成長戦略ファンド投資事業有限責任組合」（以下、「しがぎんファンド」）を組成した（図表4－11参照）。さらに2014年5月に山口フィナンシャル・グループと「トリプルアクセル成長支援ファンド投資事業有限責任組合」（以下、「トリプルファンド」）を（図表4－12参照）、そして北洋銀行および青森銀行と「青函活性化投資事業有限責任組合」（以下、「青函活性化ファンド」）を組成した（図表4－13参照）。
　しがぎんファンドは、滋賀県および滋賀銀行の営業区域にもつ事業者を、トリプルファンドは、山口フィナンシャル・グループの営業地域である山口県、福岡県、広島県の事業者を、青函ファンドは、青森県、函館市を中心と

図表4－11　しがぎん成長戦略ファンド
〈スキーム図〉

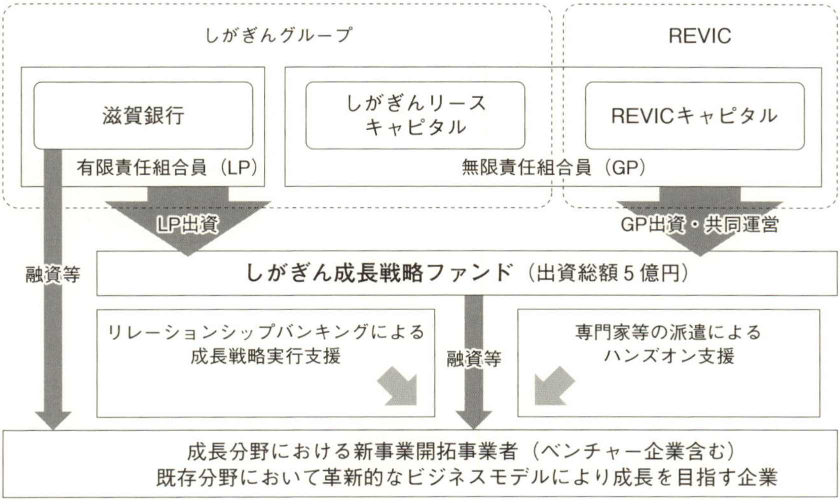

しがぎんグループ		REVIC
滋賀銀行	しがぎんリースキャピタル	REVICキャピタル
有限責任組合員（LP）	無限責任組合員（GP）	

融資等　LP出資　　　　　　　　　　GP出資・共同運営

しがぎん成長戦略ファンド（出資総額5億円）

| リレーションシップバンキングによる成長戦略実行支援 | 融資等 | 専門家等の派遣によるハンズオン支援 |

成長分野における新事業開拓事業者（ベンチャー企業含む）
既存分野において革新的なビジネスモデルにより成長を目指す企業

第4章　地域活性化ファンド　107

図表4-12 トリプルアクセル成長支援ファンド

〈ファンドスキーム図〉

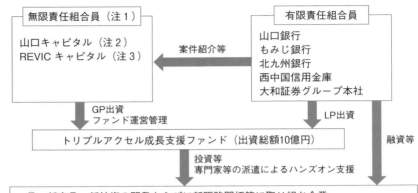

（注1） トリプルアクセル成長支援ファンド投資事業有限責任組合の管理・運営は無限責任組合員である山口キャピタルおよびREVICキャピタルが行う。
（注2） 山口キャピタルは、山口銀行の持分法適用関連会社。
（注3） REVICキャピタルは、地域経済活性化支援機構の100％出資会社。

する道南地域の事業者を投資対象地域としている。

　いずれも、金融機関の営業区域にある事業者を投資対象としており、金融サービスの一つのツールとしてファンドを活用している。投資手法は、投資対象が主に中小企業であることから当該ファンドの出口を考慮し、優先株式、劣後ローンといったメザニンファイナンスが主流となっている。当該ファンドから投融資をし、必要に応じてREVICから投資先に人材を派遣することで成長支援を行うこととしている。

図表4−13　青函活性化ファンド

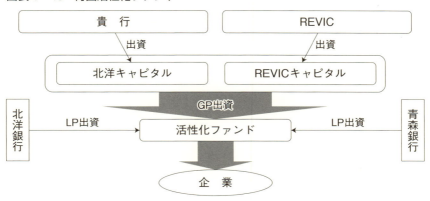

図表4−14　地域金融機関支援型の活性化ファンドの概要

名　称	しがぎんファンド	青函活性化ファンド	トリプルファンド
共同GP	しがぎんリース・キャピタル	北洋キャピタル	山口キャピタル
ファンド組成額	5億円	2億円	10億円
LP出資者	滋賀銀行	北洋銀行 青森銀行	山口銀行 もみじ銀行 北九州銀行 西中国信用金庫 大和証券グループ本社
投資対象	新規事業開拓事業者、既存分野において革新的なビジネスモデルによる成長を目指す企業	成長支援あるいは事業転換のための資金を必要としている企業	創業または経営の革新を図り、新事業展開に向けて株式公開などを指向するまたは成長段階にある企業
主な投資地域	滋賀県	青森県、北海道函館市	山口県、広島県、福岡県
設立日	2014年4月30日	2014年5月26日	2014年5月30日
期　間	設立から8年	設立から約7年	設立から約8年

第4章　地域活性化ファンド

第5章

事業再生支援の実績

REVICの事業再生支援は、従来までは個別企業への直接的な支援が中心であった（事業再生支援業務）。改組後は事業再生ファンドの組成（特定経営管理）や、特定専門家派遣による金融機関への支援などが加わり、間接的な支援に業容が拡大している。

　本章においては、REVICがこれまでの個別企業の事業再生支援の取組実績に加え、改組後における事業再生ファンドの取組みについて紹介する。

1　事業再生の取組実績

(1)　業種別、規模別の実績

　2014年12月末までの再生支援決定数は、前身の企業再生支援機構時代を通じて50件となった。このうち35件について支援が完了している。再生支援決定を行った業種別、規模別の内訳は図表5－1、図表5－2のとおりである。

　業種別でみると、製造業に次いで医療業の件数が14件と多い。REVICではETIC時代から、わが国の医療政策が大きな転換期にあることに着目し、

図表5－1　業種別の再生支援決定（2014年12月末時点）

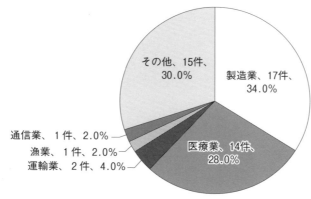

図表5－2　規模別の再生支援決定（2014年12月末時点）

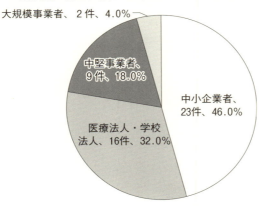

病院の事業再生の専門チーム（通称ヘルスケアチーム）を立ち上げ、積極的に取り組んできたことの成果である。今後も地域の生活インフラの維持のために、病院の事業再生を取り組む意義は高い。

　REVICには、前身のETICでは法律上は中堅中小企業をメインの対象としていたにもかかわらず、支援したJALやウィルコムの印象が強すぎるからか、大規模な事業者のみを支援対象としているとの誤解が依然としてある。しかし、実態としては図表5－2のとおり、中小企業者と医療法人、学校法人で39件の支援決定を行い、全体の78.0％が中小規模の事業者であり、中小事業者中心に支援を行っている。

　とりわけREVICに改組以降は、地域金融機関とのリレーション強化に努めてきており、全国を6ブロック程度に分け、専属のリレーション担当者を設置し、地域金融機関の事業再生の相談にきめ細かく対応できる体制となっている。その成果もあり、2014年12月末時点、改組後1年5カ月で22件の再生支援決定を行っている。ETICは3年半で28件の再生支援決定をしているが、これと比較しても件数が増加傾向であることがわかる。

(2) REVICの関与別の実績

　図表5－3のとおり、50件の支援決定のうち、REVICから取締役や理事といったいわゆる役員クラスの人材派遣をしたのは（予定も含め）31件ある。人材派遣は全体の3分の2を占めており、REVICの再生支援は人材派遣（ハンズオン）が中心となっている。人材派遣を行わなかった案件は19件あり、その内訳はスポンサーを事前にアレンジした（プレパッケージ型）案

図表5－3　事業再生支援の内訳（2014年12月末時点）

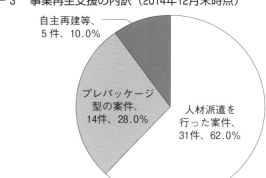

図表5－4　人材派遣を行った案件の内訳（2014年12月末時点）

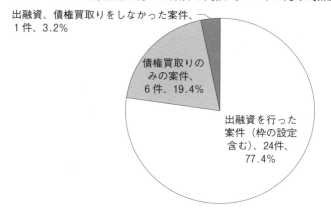

件や、金融機関調整のみで自主再建となった案件などである。

　人材派遣を行った案件で、融資または出資をした件数は（予定も含め）24件である（図表5－4参照）。資金支援をせず債権買取りを行った案件は6件、融資、出資もなく、債権買取りもないが人材派遣を行ったのが1件ある。大半は資金支援を行っていることから、ヒトとカネの両面での事業再生支援を行っているのが特徴である。

(3) ハンズオンの考え方

　REVICが出資する際は、原則として、株主総会および取締役会の議決権の過半数をとり、支援先のガバナンスを握ることを前提としている。

　これには理由が二つある。一つは、事業再生の確度を高めるためである。多くの事業再生案件はガバナンスの崩壊から窮境に陥っており、ガバナンスの再構築なくして、事業再生は実現しないと考えている。もう一つは、確実なエグジットを図るためである。REVICは機構法上5年以内に保有している債権または株式を処分（エグジット）することが要求されている（機構法33条2項）。議決権の過半を有しないマイノリティ出資であると、譲渡先も制限されエグジットを困難にするおそれが高い。円滑なエグジットのためにも議決権は過半があったほうがいいといえる。もっとも共同スポンサーが存在し、株主間協定などでエグジットの確保がされているのであれば十分対応が可能となる。

　派遣人材も常駐型と非常駐型と二つに分かれる。常駐型は支援先企業に常駐するスタイルであり、非常駐型は、取締役会や経営会議など必要に応じ会社に訪問するスタイルである。どちらが原則というものはないが、多くの案件は常駐型から入り、事業再生の進捗に応じて非常駐型に切り替えている。

　経営トップは人材派遣会社やREVIC役員の個人的な人脈等を活用しながら外部から招聘している。この経営トップとREVICのハンズオンスタッフと「チーム」で事業再生に取り組んでいる。ハンズオン支援では、これまで対象事業者が長年たまってしまった「膿」を出し、従業員の意識改革を通じ

てあるべき方向に先導することになる。経営トップ一人を派遣したところで、過去のしがらみを断ち切れないいわゆる社内の抵抗勢力に飲み込まれ、経営改革が進まないこととする考え方もあろう。そのため、多くの案件は経営陣をチームで派遣をし、経営トップの「参謀」を複数名そろえることで経営改革を推進する体制を確保している。

　ハンズオンでの事業再生がむずかしい場合であっても、スポンサー企業が存在するのであれば支援を行っている。近年、スポンサー企業を事前にアレンジしたプレパッケージ型の案件が増えてきている。

　事業スポンサーの選定はむずかしく苦労も多い。一般的にはフィナンシャルアドバイザーを採用して、入札を通じて選定することになる。しかし、中小企業の場合は、スポンサーが集まりにくく、入札が成り立たないことも多い。大半は、メインの金融機関や支援対象事業者の取引先が中心となる。

　プレパッケージの場合、スポンサーの適格性を判断することも重要であり、以下の3点に着目している。

・事業シナジー
・企業価値評価
・資金力

　支援先の事業再生を確実にするためには、事業面のシナジーも重要であるが、資金力も同様に重要である。再生初期段階では更新投資資金、リストラ資金など事業再構築のための資金が必要なケースが多い。また、支援先の信用力が低下していることもあり、スポンサーには一定程度の資金力は必須になる。

　付言していえば、こうしたプレパッケージ型の事業再生は業界再編の一方途にもなり、供給過剰といわれている産業においては、その解消のための有効な手段にもなるといえよう。

2　事業再生事例

　本書においては、事業再生の具体例として五つの案件の事例紹介をしたい。REVICの関与という視点でとらえると、A社とB法人はREVIC単独の常駐型のハンズオン支援である。C社は事業スポンサーとの共同投資が行われ、ハンズオン支援についてもスポンサーと共同で行っている。D社とE社はスポンサープレアレンジによる再生支援である。なお、E社は地域事業再生ファンドを活用した案件である点にも着目していただきたい。

(1)　照明器具の開発・販売業者（A社）

①　案件の概要

資本金	9,400万円（2011年1月7日時点）
事業内容	照明器具の販売
従業員数	264名
財務状況	2010年2月期 売上高：140億9,500万円、営業利益：△3億8,500万円、当期純利益：△20億7,100万円 純資産：24億4,600万円、総資産：251億1,400万円

持込金融機関等	主要行2行
支援決定日	2011年4月
買取決定等・出資決定日	2011年6月
処分決定日	2012年11月
支援完了日	2012年12月

②　持込みの経緯

　A社は、電材卸として創業し、その後照明器具販売事業に進出したが、当初から付加価値の高い照明器具を取り扱うことにより大手照明器具メーカーとの差別化を志向してきた。そのような付加価値の高い充実した商品ライン

ナップを背景に、一般顧客向けの店舗事業への進出も成功し、最盛期には全国11カ所に照明器具を主力とする家電量販店を擁するに至った。この間、他社とは常に一線を画し、あえて「明るくするだけではない、情景演出のためのあかり」の提供にこだわり続けることによって、小規模ながらわが国を代表する高付加価値照明器具メーカーとして広くそのブランドを認知されるに至った（「ブランド力」の形成）。また、Ａ社は、もともと照明器具の提供に加え、かかる照明器具を中心とする高品質な空間づくり・空間設計に注力し、設計意図に応じて照明器具を特注で製作し販売する照明ソリューション業務を手がけ、美術館や高級ホテル等高品質な光を必要とする空間における提案・設計力において高い評価を受け（「照明ソリューション力」の形成）、ハイエンドな建築を手がける設計事務所やデザイナー等、光の質に関する先端的な担い手である優良な顧客基盤を構築していった（「優良な顧客基盤」の形成）。

しかしながら、その後のバブル経済崩壊後の消費需要の低迷により、店舗事業が低迷し、同事業を展開するために金融機関から借り入れた有利子負債がＡ社の財務状況をひっ迫させた。2002年以降には、家電・ソフト事業の売却、店舗不動産の売却等により有利子負債の圧縮を急いだが、2008年のリーマンショックに端を発した世界的な景況感の悪化による消費低迷および建築着工件数の激減により大幅な売上高の減少を余儀なくされた。さらなるリストラのため、製造原価の低減を企図した製造部門関係会社の３社統合を行い仕入れコスト（仕切率）を低減するとともに、店舗事業からの完全撤退、売上高の減少に伴う余剰人員の削減ならびに給与の減額などの方策を講じてきた。しかしそれでも、事業規模の縮小による影響をカバーするには至らず、管理面の脆弱さによる過剰在庫問題も深刻化し、事業規模縮小に対する明確な打開策が見出せないなか、収益力に比して過大な有利子負債を負担したままでは、抜本的な事業再構築を行うことは困難と判断された。

そこで、Ａ社は、主力銀行である持込金融機関とも協議のうえで、機構に支援を申し込むこととし、機構の支援のもと、事業価値の棄損を可及的に回避しつつ、透明・公正な手続により金融機関等に対し金融支援を依頼すると

ともに、抜本的な事業再構築に取り組み、企業価値の最大化を図ることとした。

③ 事業再生計画の概要

会社分割（吸収分割）による事業承継（いわゆる第二会社方式）を実施し、企業再生支援機構の支援を受けて、不透明な市場環境に耐えうる事業構造の構築と、Ａ社がその発展の経緯のなかで独自のポジショニングを維持することにより形成した経営資源である「優良な顧客基盤」「照明ソリューション力」「ブランド力」の再強化・活用を基軸とし、次の基本方針に沿った事業の再生を図ることを主要な内容としている。本事業再生計画における基本方針は、次の３点である。

・事業構造の転換に向けた改革……不動産事業からの撤退、関係会社の再編等により、事業構造の転換を行い、再生に必要となる構造を整備する。
・収益・コスト構造の改善……原価低減、国内物流網の再構築、人員の適正

図表５－５　Ａ社の事業再生ストラクチャー（再生計画作成時）

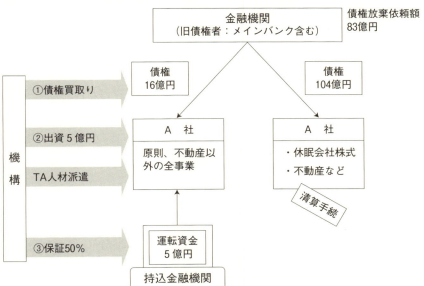

化、経費低減により、コスト競争力を強化する。
・経営・組織面の強化……経営体制と組織構造の見直しによる機動力のある体制構築、管理体制の強化を行う。また、今後想定される市場環境の変化のなかで、ブランド力等を再強化・活用し、Ａ社ならではの事業の展開を行うためのマーケティング戦略を構築する。

④ 機構の関与

　機構は、関係金融機関等に対して約82億円（再生支援決定時の担保処分見込み予定額を前提としている）の金融支援を依頼し、関係金融機関等の合意を受け2011年6月に買取決定等を行った。なお、機構は、金融支援実行後の金融機関の債権5億2,500万円を買い取った。

　その後、Ａ社は、Ａ社の営む照明器具事業およびインテリア事業の全事業を吸収分割の手法により、Ａ社が新たに設立する新設会社に承継させる会社分割（吸収分割）を実施し（第二会社方式）、会社分割後のＡ社については、特別清算手続を申し立てた。

　機構は新設会社に対し、普通株式による5億円の出資（100％出資）を実行し、取締役を含めた経営人材の派遣を行った。また、持込金融機関が実施する上限5億円の融資の50％相当額について債務保証を行うこととした。

　機構の関与をまとめると以下のとおりである。
・関係金融機関等への金融支援依頼（約82億円）
・金融機関からの債権の買取り（5億2,500万円）
・融資枠に対する保証の設定
・普通株式の出資（5億円、議決権100％）
・取締役含めた経営人材等の派遣

⑤ 再生支援の完了

　機構はＡ社の事業再生を進め、その再生に一定のメドが立ったことから、Ａ社に対して保有する全株式を2012年12月にスポンサー企業へ譲渡した。あわせて保有していた債権5億2,500万円についても弁済受領が完了した。2012年12月、機構からスポンサー企業への業務引継ぎが終了したため、再生

支援完了した。

(2) 病院（B法人）

① 案件の概要

事業内容	病院、診療所等
従業員数	常勤：688名（うち、医師77名、看護師・准看護師383名） 非常勤：98名（うち、看護師・准看護師54名）
財務状況	2010年3月期 医業収入：85億9,900万円、医業利益：1,500万円、有利子負債：75億8,500万円

持込金融機関等	地方銀行
支援決定日	2011年2月
買取決定日	2011年2月
処分決定日	2014年1月
支援完了日	2014年2月

② 持込みの経緯

B法人は、甲病院を運営していたが、1990年に一部の診療科を切り離し、別病院（乙病院）を新たに開設し、二つの病院としたことで、有利子負債が97億円（1993年3月期）まで拡大し、医業利益も△9億円（1991年3月期）まで大きく落ち込んだ。

持込金融機関は1991年に、当法人に対し、収益確保と組織強化の検討を要請し、その結果、創業家一族が理事を退任し、持込金融機関から理事および財団運営幹部を派遣した。また、1994年、別の病院から新理事長が招聘され現在に至っている。この体制で、医業利益は最大2億円まで回復し、最大97億円あった借入金も2006年には75億円まで圧縮した。しかし、この頃から、甲病院および乙病院の病床稼働低下等を理由に医業利益が急速に落ち始め、2008年、2009年には資金繰りに窮するようになった。

この危機に際し、2009年に、県内の別の総合病院の病院長を務めていた医

師を甲病院院長に招聘したところ、2006年以降低迷した収益を改善し、2011年3月期の医業利益は約1億円を見込めるまで回復した。一方で、対象事業者の基幹施設である本院は築37年以上であり（一部の建物は築56年経過）、老朽化が相当進んでおり、建替えが喫緊の課題となっている。また、構造が古いため新しい大型医療機器が導入できず、対象事業者が本来担うべき医療を提供できない状況にあった。

さらに、急性期病院としての診療機能が、甲病院と乙病院に分断されており、総合病院、救急医療機関としての機能を十分に有しているとはいえない。こうした事情から、B法人は再生支援決定から5年後をメドに甲病院と乙病院を統合し、新病院を建設する構想を有している。しかしながら、対象事業者は、依然74億円の借入金と41億円の表面債務超過を有するなど財務面の毀損が大きいことから、現状、新たな投資を行うことは困難な状況にある。そこで、対象事業者は、将来の新病院建設も見据え、機構の支援を得て再生を図ることとしたものである。

③ 事業再生計画の概要

計画初年度に関係金融機関等に対して債権放棄等の金融支援を要請し、過剰債務を軽減する。統合新病院の計画にも着手し、これを実現させるために必要な収益力を備えるべく、各施設において診療機能の強化を図りながら事業収益を向上させ、当地での医療事業の継続性を確保する。

図表5-6　B法人の事業再生ストラクチャー（再生計画作成時）

（注）　債権残高は、支援申込み（2011年2月10日）現在。

主要施策は次のとおりである。まず地元の医大との関係を強化し、安定的な医師供給を図る。また、経営改善の進んだ甲病院の院長を法人統括とし、法人全体を俯瞰した経営体制を整備する。甲病院については改善余地を残している各種施策に取り組み、病床稼働を安定させることなどにより、医業利益の改善を図る。乙病院は、甲病院と一体運営し、組織基盤・人員体制を確立することで、病床稼働を安定させるほか、医師の確保を図り、透析の稼働を増やすことで、医業利益改善を図る。

④ 機構の関与

機構は、関係金融機関等に対して75億円の貸付債権について60億円の債権放棄を依頼し、関係金融機関の同意を得、2011年2月に買取決定に至った。機構は、主要取引金融機関と協調して運転資金等の融資枠（上限10億円）を設定し、資金繰りを安定化させた。また、機構より、経営人材を派遣し、経営管理体制を強化し、安定した経営基盤を構築できるよう支援した。

本件において機構の関与をまとめると以下のとおりである。

・関係金融機関等調整（60億円）
・金融機関からの債権の買取り（6億2,700万円）
・対象事業者が受ける新規融資（上限10億円）に対する保証枠設定（保証割合50％）
・理事含めた経営人材の派遣

⑤ 再生支援の完了

機構は、関係金融機関等から6億2,700万円の債権を買い取り、事業収益による一部弁済（3億5,700万円）を受けていたが、2014年1月に残債権額に当たる2億7,000万円の弁済を受け全額完済となった。

2014年2月に対象事業者に派遣していた役職員も退任し、支援完了となった。

(3) 水産加工業者（C社）

① 案件の概要

対象事業者	C社
資本金	1,500万円
事業内容	食品加工品事業
従業員数	正社員16名、パート13名、派遣社員1名（2011年12月1日現在）
財務状況	2011年2月期 売上高：2億1,300万円、経常利益：△4,700万円、当期純利益：△4,700万円 純資産：△3億7,800万円、総資産：5億3,700万円

対象事業者	C_1社
資本金	3,000万円
事業内容	水産加工品事業等
従業員数	正社員23名、パート36名、嘱託1名（2011年12月1日現在）
財務状況	2011年4月期 売上高：12億4,900万円、経常利益：△3,000万円、当期純利益：△3億4,900万円 純資産：△3億4,200万円、総資産：16億4,000万円

対象事業者	C_2社
資本金	7,200万円
事業内容	水産加工事業等
従業員数	正社員19名、パート20名、嘱託5名（2011年12月1日現在）
財務状況	2011年8月期 売上高：8億7,700万円、経常利益：△7,400万円、当期純利益：△1億3,100万円 純資産：△2億8,000万円、総資産：8億9,100万円

持込金融機関等	地方銀行、政府系金融機関、C_4社（事業会社）、C_5社（事業会社）
支援決定日	2011年12月
買取決定・出資決定日	2012年3月
処分決定日	2013年11月
支援完了日	2013年12月

② 持込みの経緯

　C_1社は鮮魚出荷業および廻船問屋業として創業後、地域に密着した水産会社として地元漁港の主要水産物であるイカ・鯖を全国に供給する会社として地域経済に貢献してきた。C_2社は鮮魚卸業として創業、地域に密着した水産会社として発展し、その後全国で初めて水産加工品としてのしめ鯖を開発した。

　漁獲資源の枯渇および排他的経済水域の設置等により、全国的に漁獲高が減少し、しめ鯖の流通市場では、市場セグメントが縮小化し、低価格志向の量販店直販セグメントが拡大したが、C_1社およびC_2社は、地方市場セグメントおよび地方仲卸（問屋）セグメントへの販売を従来得意としてきたことから、流通市場の変化に対応できず、仲卸業者との取引が縮小するなか量販店との低価格取引を拡大させ、不採算取引を継続した結果、業績は悪化することとなった。特にリーマンショック以降、全国的なデフレ傾向を背景とした量販店からの値下げ要求により売上高減少に歯止めがかからず、自助努力によるコスト削減では有利子負債の返済原資を捻出することが困難となった。

　C社は地域の食材を用いた加工食品を開発・製造・販売することで地域経済の活性化に貢献することを目的に2005年にC_1社の子会社として設立され、同年、工場および冷蔵庫を買収することにより操業を開始した。しかし、会社設立直後に取得した工場および冷蔵庫の買収資金を全額借入金によりまかなったこと、ならびに、買収時に引き継いだ取引が大幅な赤字取引であったことから、新商品による売上拡大では赤字取引の負担をまかなうには至ら

ず、有利子負債を拡大させることとなった。加えて、赤字取引の解消を行っていくことで売上げが減少し、その売上減少を補う新商品等の代替売上げの獲得やコスト削減ができず、さらなる赤字の拡大を招いた。

C_1社、C社およびC_2社（以下、あわせて「3社」）は、実態債務超過に陥っており、金融機関より原則元本支払を停止する等の金融支援を受けているところ、通常の金融取引を再開し元本支払を再開するメドはまったく立っていなかった。

そこで3社は、3社ともに鯖の加工商品という共通食材を取り扱っていたこと等から、事業統合による経営改善について協議し、共同にて再生計画の策定の検討を進めていたところ、東日本大震災の被災を受けた。3社は各社の使用可能な設備を持ち寄り生産活動を再開させたものの、事業継続には金融支援が不可欠な状況にあることから、持込金融機関および、出資等予定者であるC_4社およびC_5社と協議のうえで、支援申込みを行うに至った。

③ 事業計画の概要

会社分割前はC社、C_1社、C_2社の3社において、会社分割後はC社において、以下の施策を実施した。

・主業のしめ鯖販売の再強化……3社の事業の柱であるしめ鯖の生産・販売について、近年の流通市場や消費者の趣向の変化に対応した販売戦略へ転換する。具体的には、C社の先進的な開発力、C_1社およびC_2社の老舗としてブランドおよび顧客からの信頼の相乗効果を活かし、「引き合い待ち」の営業から、中間流通業者（荷受・仲卸・問屋等）と連携した小売事業者および外食チェーン等への営業開発を強化した「攻めの営業」への転換を図り、しめ鯖に対するニーズの変化を取り込んだ商品開発を実施する。

・生産設備の適正化……3社は加工工場および冷凍庫等をそれぞれ保有していたため、商品の絞込みや重複する設備の有効利用をさらに行う等し、設備規模の適正化を行う。また工程の見直し等を通じ、生産性の抜本的改善を図っていく。

・人事制度の改正……3社の統合に伴い、賃金制度や退職金制度等の労働条

図表5-7　C社の事業再生ストラクチャー（再生計画作成時）

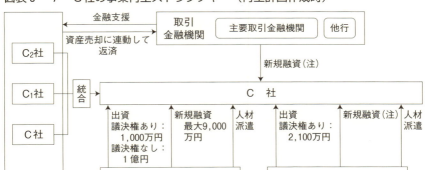

（注）　主要取引金融機関および機構による新規融資は最大で計2億円を予定。

件を整備し統一化する。
・採算管理の徹底化……組織体制を見直し、機動力の向上、不採算取引の再発防止および確実な収益の確保を目的とし、採算管理と経費削減の徹底を行い、営業と生産の連携を強化する。

④　機構の関与

　機構は、関係金融機関等に対しては、対象債権総額約34億円のうち、約27億円の債権放棄を依頼し、関係金融機関等の合意を得て、2012年3月に買取決定を行った。機構は9,500万円の債権を買い取った。

　C社がC_1社およびC_2社の100％親会社となり、会社分割の手法を用いて、C_1社およびC_2社の事業に係る事業用資産および承継可能な負債等をC社に承継させた。C社の非継続保有債務については、C_1社に免責的債務引受を行った。そのうえでC社にていわゆる100％減資を行い、C_4社が普通株式1,000万円および種類株式（議決権なし）1億円を引き受け、機構が種類株式（議決権有り）2,100万円を引き受けて出資した。これにより、機構が、C社の3分の2以上の議決権を取得した。議決権の取得とあわせ、出資後に取締役をC社に派遣した。

　また、機構、金融機関は対象事業者に対し2億円を限度とする新規融資枠

を設定し、機構は4,000万円の融資を実行した。

なお、会社分割後、C_1社およびC_2社は特別清算手続開始の開始申立てを行った。

本件における機構の関与をまとめると以下のとおりである。

・関係金融機関等への金融支援依頼（27億円）
・2,100万円の出資（種類株式）
・4,000万円の融資実行
・取締役含めた経営人材等の派遣

⑤ 再生支援の完了

機構は、2013年12月にC社株式すべてをC_4社に譲渡した。さらに、債権（債権買取分9,500万円、新規融資実行分4,000万円）について、事業収益による一部弁済（4,700万円）を受けていたが、残債権全額に当たる8,800万円の弁済を受けた。

同日実務面の引継ぎも完了したことから、再生支援の完了となった。

（4） 印刷業者（D社）

① 案件の概要

対象事業者	D社
資本金	9,900万円
事業内容	印刷物の製造および販売等
従業員数	正社員121名（うち役員4名）、嘱託社員3名、パート他24名（2012年12月31日現在）
財務状況	2012年6月期 売上高：26億6,400万円、経常利益：△6,500万円、当期純利益：1億600万円 純資産：△12億8,200万円、総資産：19億7,000万円

対象事業者	D_1社
資本金	1億5,600万円

事業内容	印刷事業
従業員数	正社員121名（うち役員4名）、嘱託社員3名、パート他24名（平成24年12月31日現在）
財務状況	2012年6月期 売上高：2億6,600万円、経常利益：△9,000万円、当期純利益：△7,600万円 純資産：△2億7,700万円、総資産：4億6,400万円

持込金融機関等	地方銀行、D_2社（事業会社）
支援決定日	2013年3月
買取決定等	2013年5月
支援完了日	2013年10月

② 持込みの経緯

　D社は、商業印刷事業を中心に業務を拡大してきた。2002年6月期に8色印刷機を導入することにより、従来外注していたものの内製化が進み、かつ受注単価が比較的高い水準にあったことを背景として、2007年6月期まで売上げは順調に増加していた。しかし、2008年6月期頃から印刷業界における受注単価の値下げ競争が激しくなり、他社にシェアを奪われたため売上げが減少傾向に転じた。

　商業印刷事業の売上げが低迷するなかで、D社は、パッケージ印刷事業分野についても進出を図るため、2008年8月に本社工場の建物の増築を行い（約3億円）、2009年7月に新規に印刷機（リース料総額約6億円）を導入した。しかし、当初予定していたとおりには受注が伸びずに、投下資本の回収も進まなかった結果、借入残高が増加することとなった。また、2007年12月〜2008年1月の約2年の間、当時の代表取締役の発案に基づき、ファクタリング債権を購入し、それが資金繰りを圧迫する要因となった。

　D_1社は、D社とD_3社の合弁により、2006年9月に設立した。D_1社は、A判輪転印刷機を購入し、これによりD_3社およびD社からの業務受託を行ってきたが、D_3社が業績不振により2011年8月30日に民事再生手続開始を申

し立てたこと、出版業の不振を背景にD社からのA判印刷事業の受注量が伸びなかったことから、D_1社自体の業績も低迷していた。

以上のとおり、再生支援対象事業者らは、両社の事業を抜本的に再建させるためには、多額の金融支援のほか、資金面および事業面での支援が必要であることから、持込金融機関および出資予定者であるD_2社株式会社（以下、「D_2社」）とも協議のうえで、機構に支援の申込みをするに至った。

③ 事業計画の概要

D社は、印刷事業を、吸収分割の手法により、D_2社が新たに設立した株式会社（以下、「新会社」）に承継させる（第二会社方式）。新会社においては、以下の施策を実施し、事業の再生を図った。

・顧客開拓の協力……D_2社およびD_2社の子会社であるD_4社（以下、D_2社とD_4社をあわせて「D_2グループ」）がD社とともに、パッケージ印刷事業およびA判印刷事業の顧客開拓を行うことで、D社が保有しているパッケージ印刷事業や、A判印刷事業に係るA判輪転印刷機の機械・設備の稼働率を上げ、価格競争力を高める。

・共同仕入れ等による材料費削減……D社は、業績が低迷し信用力が低下していることから材料単価が他社に比べ高い水準にあった。そこで、D_2グループと、材料を一括発注することによりD社の材料費単価を下げて、利益率を高める。またD社の財務状態を改善し、信用力を高めることで、材料単価を低下させる。

・外注費の改善……D社の外注比率は36％程度と他社と比べて高い。その要因の一つに、D社がB判印刷の受注をしているものの、自社でB判輪転印刷機を保有していなかったことがあげられる。外注に出す場合は利益率が低下するため、今後はD_2グループ内に外注を出すことで、D_2グループ全体として利益率を改善するよう取り組む。

・下請受注による売上拡大……D社は、元請業務としての受注が中心であり、売上利益率が低い下請業務については積極的な受注獲得のための営業を行っていなかった。そこで、固定費回収を積極的に行うべく、下請業務

図表5−8　D社の事業再生ストラクチャー（再生計画作成時）

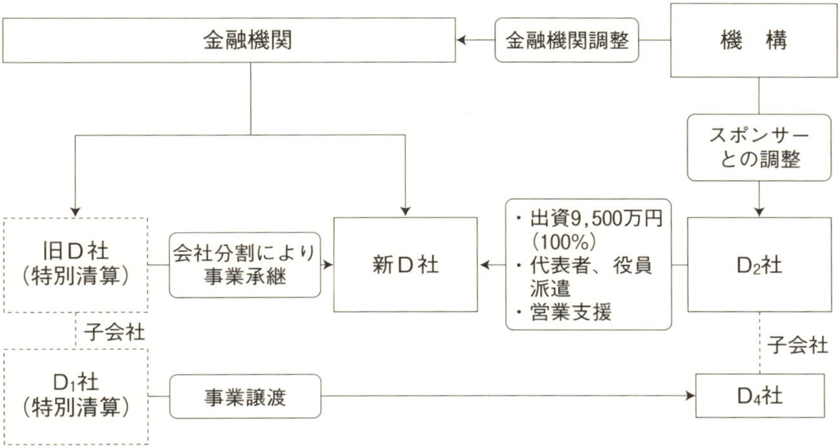

```
    金融機関  ←──金融機関調整──  機　構
     │                                │
     │                                ▼
     │                          スポンサー
     │                          との調整
     │                                │
  ┌──┴──┐                             │
  ▼     ▼                             ▼
旧D社  ──会社分割により──  新D社 ←・出資9,500万円  D₂社
（特別清算）  事業承継              （100%）
                              ・代表者、役員
  子会社                        派遣
                              ・営業支援        子会社
D₁社   ──事業譲渡──────────────────→  D₄社
（特別清算）
```

受注のための営業活動を積極的に行う。

・コスト削減……運賃、ガス・水道光熱費等についてはコスト削減の余地があるため、今後はそのノウハウを利用してコスト削減を行う。

④　機構の関与

　機構は関係金融機関等に対し金融支援を依頼し、関係金融機関の同意を得て2013年5月に買取決定等を行った。

　本件において機構は、事業再生計画の策定を支援するとともに、当事者のみでは調整が困難であった、関係金融機関等および再生支援対象事業者らの関係者間の利害調整を公正・中立的な立場から実施した。

　D社は、吸収分割の手法を用いて、D_2社が設立する新会社に対し、印刷事業および負担可能な債務を承継させ、その後所有不動産等資産を処分のうえ、特別清算手続を申し立てた。

　機構は対象事業者の事業再生に一定のメドが立ったことから、2013年10月に本件の事業再生支援を完了した。

⑤　スポンサーの関与

　スポンサーであるD_2社は新D社8,500万円の出資をするとともに、役員を

派遣する。新D社の代表取締役には、D_2社の代表取締役が就任し、同じく同社より派遣される取締役2名を中心に本再生計画を着実に遂行する経営陣とする。また、メインバンクから2億円の範囲で必要運転資金の融資枠の設定を受ける。

(5) 電子部品受託製造業者（E社）

① 案件の概要

対象事業者	E社
資本金	4億1,700万円
事業内容	電子部品受託製造業
従業員数	正社員116名、契約社員83名、パート他31名（2012年12月31日現在）
財務状況	2012年10月期 売上高：32億7,800万円、経常利益：△2億700万円、当期純利益：△2億1,000万円 純資産：6億8,200万円、総資産：47億900万円

対象事業者	E_1社
資本金	1,500万円
事業	OA機器等販売業、不動産賃貸業
役職員数	正社員14名、契約社員3名、パート1名（2012年12月31日現在）
財務状況	2012年10月期 売上高：4億1,000万円、経常利益：△1,100万円、当期純利益：△1,100万円 純資産：1億1,600万円、総資産：8億5,400万円

持込金融機関等	地方銀行2行、E_2社（事業会社）
支援決定日	2013年3月
買取決定等	2013年5月
支援完了日	2014年2月

② 持込みの経緯

E社は弱電機器組立業を創業し、主に卓上計算機の組立てを手がけた。1989年からは事業を電子回路基板実装に特化させるために県内に、1992年には九州に、2003年には中国大連に工場を新設して、大手メーカーを主力取引先として事業規模を拡大させた。しかしながら、2009年からは世界的な景気後退の影響を受けて受注は減少に転じ、売上高はピーク時の約3分の1にまで落ち込み、窮境に陥ることとなった。そこで、関係子会社の整理、人員削減および賃金カットなどを中心としたリストラを実施したが、財務・損益状況は悪化の一途をたどり、資金繰りはひっ迫することとなった。また、過去の積極的な設備投資および子会社に対する出資・貸付などにより多額の有利子負債を抱えているが、資金繰りの悪化から、借入金は返済不能に陥った。2010年には、当時の経営陣に請われ、現代表取締役が就任し、生産管理体制の見直しと営業開拓を中心に経営建直しに努めているが、事業改革は道半ばの状態であった。

E_1社は、1986年にE社の100％子会社として設立され、工場作業請負事業、OA機器等販売事業および不動産賃貸事業を営んでいた。しかし、主力事業であった工場作業請負事業は、E社の工場への人材提供による基板実装工程の請負が中心であったため、E社の業績不振に伴い、2012年10月に廃止した。現在は、OA機器等販売事業、不動産賃貸事業を細々と営んでいたが、過去の不動産投資などにより発生した借入金は返済不能に陥っていた。

以上のとおり、再生支援対象事業者らは実質債務超過に陥り、事業継続には金融支援が不可欠な状況にあったことから、メインバンク、主要取引先であるE_2社と協議のうえで、再生支援の申込みを行うに至った。

③ 事業計画の概要

E社は、基板実装事業を、吸収分割の手法により、E社代表取締役らが新たに設立する株式会社（以下、「新会社」）に承継させる（第二会社方式）。新会社においては、以下の施策を実施し、事業の再生を図った。

・収益構造の改善、生産性の向上・効率化…新会社はE_2社から資本金の一

部の出資を受けるほか、従来からの取引の延長線上に位置づけられる商業的に合理的な範囲で事業支援を受ける。具体的には、少品種大量受注への依存度を下げ、E_2社による以下に記載の事業支援をバックとする多品種少量生産体制に転じることで、基板実装事業のいっそうの生産性の向上および効率化を図ることとする。

・生産設備の適正化……新会社では、生産・品質維持に必要な最低限の設備投資を継続的に行うとともに、将来、新規受注に対応するための基板実装機能の大幅な見直しが必要となった場合には、E_2社や受注先より、設備貸与や技術支援を受けることで対応する。

・採算管理の徹底化……機動力の向上、不採算取引の防止および確実な収益の確保を目的として、組織体制を見直し、採算管理と経費削減を徹底させ、営業と生産の連携を強化する。

・組織運営体制の改革……新会社では、基板実装事業に経営資源を集中することによって、経営管理にかかる負担の低減を図るとともに、取締役会における議論を通じた慎重な意思決定がなされるよう、ガバナンス体制の強

図表5-9　E社の事業再生ストラクチャー（再生計画作成時）

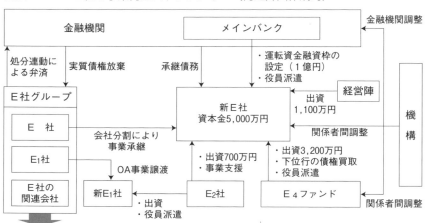

化を図る。また、受注先ごとに採算管理を行い、売上げ重視から利益重視への経営方針の転換を図る。

E_1社のOA機器等販売事業および不動産賃貸事業は、両事業ともにE社の基板実装事業との関連性およびシナジー効果が認められないため、グループの経営資源を本業へ集約するため、E_1社は両事業から撤退する。OA機器等販売事業は、E_2社またはその子会社への会社分割による承継を検討しており、不動産賃貸事業は、保有する全物件を処分することにより廃止することとし、所有不動産等資産の処分完了後に特別清算手続を申し立てた。

④ 機構の関与

本件において機構は、関係金融機関等に対し金融支援を依頼し、関係金融機関等の合意を得て2013年5月に買取決定等を行った。

機構は、再生支援対象事業者等の関係者調整を行い、事業再生に一定のメドが立ったことから、2014年2月で再生支援対象事業者の再生支援決定に係るすべての業務を支援完了した。

⑤ スポンサーの関与

E社は、事業再生計画に従い、2013年7月1日、E社代表取締役らが新たに設立したE_3社に対し、基板実装事業を会社分割の手法等を用いて承継させ、E_3社は、承継した基板実装事業を運営・継続している。同社は、E_4投資事業有限責任組合より総額3,200万円、E_2社より総額700万円、E社の代表取締役等個人から1,100万円の出資を受け、メインバンクから1億円の範囲で必要運転資金の融資枠の設定を受けた。

新会社の代表取締役は、E社の現代表取締役が就任し、E_4投資事業有限責任組合から非常勤監査役(監査役)の派遣を受け、メインバンクから非常勤監査役(監査役)の派遣を受けた。

E_1社は、事業再生計画に従い、2013年11月1日、E_2社が新たに設立したE_5社に対し、OA機器等販売事業を会社分割の手法等を用いて承継させ、現在、E_5社は、承継したOA機器等販売事業を運営・継続している。

3 病院の事業再生

(1) 病院を取り巻く経営環境

　REVICでは、病院の事業再生についてはこれまで非公表案件を含めて15件支援している。このうち、REVICの社員が直接ハンズオン支援にあたった案件が11件あり（2014年8月末時点）、うち、7件は支援が完了している。今後のわが国は、少子高齢化が急速に進むため、病院の事業環境は大きく変化する可能性が高い。病院経営はきわめて弾力的に対応しなければならないところ、病棟新築に伴う建設資金などの返済が十分になされていない病院については機構の支援対象になりうると考えている。

　病院（医療法における病院とは20床以上のベッドを有する施設）の医療収入（売上げ）の約7割は、入院収入であり、これは入院患者数一人当りの単価と入院患者数による掛け算により成り立つ。

　診療行為ごとの単価である診療報酬点数は、厚生労働省が決定し、日本全国一律で同じとなっている。一般的には、需給に応じて販売単価は変動するものであるが、病院の場合は需給で販売単価は決まらず、厚生労働省の政策によって決まるということになる。

　また入院患者数は、病院に設置されている病床数を超えることはない。この病床数は各都道府県が管理しており、病床過剰と認定された地域には新規の病院の開設や増床（病床を増やす）は認められない。この病床過剰地域は、全国に277保険医療圏[6]あり、全保険医療圏の約80％が病床過剰である。このことから病院は一般的に参入障壁が高い産業であるといえる。

6　2013年3月から5月にかけて公示された各都道府県の保険医療計画を集計して試算。

(2) 病院の事業再生のポイント

　病院はサービスである診療単価も一定であり、参入障壁が高いことを考慮し、REVICが病院の事業再生で留意している事項は以下の3点である。
・厚生労働省の政策の方向性
・医療スタッフの充足性
・地域におけるポジショニングの明確化

　前述のとおり、厚生労働省による医療政策は、今後の診療報酬点数改定や病床管理方針に大きく影響する。特に急性期病院の病床数は現在約36万床あるが、2025年には高度急性期の病床が約18万床となる方針を打ち出している。ゆえに急性期病院として十分な診療レベルの維持ができない病院は、亜急性や療養など後方医療に特化する病院にシフトする必要がある。

　また医療スタッフは病院事業の根幹であり、一定の数と質をそろえなければ事業として成立しない。特に医療職の流動性は高い。「腕に自信があるプロフェッショナル」がよりよい環境を求めて離職することは通常ありうる話である。REVICも医療職のかわりはできないため、医療スタッフが十分に確保されていることは事業再生の大前提となる。

　さらに参入障壁が高いとはいえ、病院においても一般の産業同様、周辺の競合環境はきちんと把握しておく必要がある。つまり自院の救急車の受入件数、診療科等の種類、医療機器などを競合先と比較分析し、自院が地域においてどのような診療機能（病床区分や診療科構成）を担うかというポジショニングを明確にしたうえで、これを実現するための戦略を立てることが必要となる。

　病院の再生においては、こうした基本認識をもとに、DDを実施し、事業再生計画を作成する。事業再生計画を作成するうえで重要なのはKPI（Key Performance Indicators；重要業績評価指標）の設定とアクションプランの立案である。

　前述のとおり、単価はルール化されているため、いかに入院患者数を増加

させ、いかにベットコントロールしていくかが成功のカギであり、多くの案件では入院患者数を重要なKPIとし、これを増加させるためのアクションプランをきめ細かく立案している。

このアクションプランの実現性を高めるには、社員の日々の行動をいかに具体化できるかに尽きる。日次、週次、月次で「やるべきこと」を設定し、会議体を通して進捗を管理する。特に、事業再生局面では、「タスクフォース」といった組織横断的な特別なチームを組成することも有用である。

アクションプランの進捗管理のためには、KPIを一定のタイミングできちんと集計できる経営管理体制を確立していくことが重要である。入院患者数が重要であると定義したとしても、その数がわからなければ何も始まらない。

REVICがハンズオンする際には、まず、このKPIをきちんと把握する体制を整備することから始めている。

もう一点重要なのは、「組織規程の作成」である。決裁等のルールもないまま、野放図に設備投資をし、窮境に陥る病院の多くは、ずさんな組織規程しか存在しないか、存在しても運用されていない実態がある。REVICの案件の多くは過剰投資が窮境の要因であり、こうした規定の不備によるけん制（ガバナンス）が有効に機能しなかったことに起因している。同じ轍を踏まないためにも不必要な設備投資をやめさせるなど、不要な支出を極力抑えるためにも、支出に関するルール化を図り、これを守らせるガバナンスを構築することが重要と考えている。

4　事業再生ファンド

(1)　事業再生ファンドの組成

REVICは2013～14年にかけて関西広域（大阪、京都、兵庫、和歌山、奈良）、山口県、ならびに北海道において中小企業整備基盤機構と連携し、三つの事

図表5-10　REVICが運営している事業再生ファンド（2014年12月1日現在）

名称	やまぐち事業維新ファンド投資事業有限責任組合	関西広域中小企業再生ファンド投資事業有限責任組合	北海道オールスターワン投資事業有限責任組合
共同GP	山口キャピタル	ルネッサンスキャピタル	北洋キャピタル
ファンド組成額	30億円	33億円	30億円
LP出資者	山口銀行 北九州銀行 萩山口信用金庫 西中国信用金庫 東山口信用金庫 中小企業基盤整備機構	りそな銀行 関西アーバン銀行 近畿大阪銀行 みなと銀行 紀陽銀行 池田泉州銀行 但馬銀行 大阪信用金庫 大阪シティ信用金庫 北おおさか信用金庫 大阪厚生信用金庫 きのくに信用金庫 播州信用金庫 姫路信用金庫 日新信用金庫 大阪府信用保証協会 兵庫県信用保証協会 和歌山県信用保証協会 中小企業基盤整備機構	北洋銀行 北海道銀行 札幌信用金庫 室蘭信用金庫 空知信用金庫 北門信用金庫 日高信用金庫 函館信用金庫 渡島信用金庫 江差信用金庫 小樽信用金庫 北海信用金庫 旭川信用金庫 稚内信用金庫 留萌信用金庫 北星信用金庫 帯広信用金庫 釧路信用金庫 大地みらい信用金庫 北見信用金庫 網走信用金庫 遠軽信用金庫 北央信用組合 空知商工信用組合 札幌中央信用組合 釧路信用組合 十勝信用組合 函館商工信用組合

第5章　事業再生支援の実績

				ウリ信用組合 北海道信用保証協会 中小企業基盤整備機構
投資対象	過剰債務等により経営が悪化しているものの、本業には相応の収益力があり、経費圧縮、事業見直しおよび財務リストラ等により再生が見込まれる中小企業			
主な投資地域	山口県およびLP出資者の営業エリア	関西地域（大阪府・京都府・兵庫県・奈良県・和歌山県・滋賀県）		北海道
設立日	2013年9月30日	2013年12月20日		2014年3月31日
期間	設立から8年	設立から8年		設立から7年

業再生ファンドを組成した（図表5－10参照）。

(2) 事前調整型と事後調整型

REVICの事業再生ファンドは事前調整型と事後調整型の二つのスキームで進めている。

事前調整型とは、中小企業再生支援協議会スキーム7などで事前に金融支援を実行し、負債を適正化したうえで、ファンドが債権の買取りや投融資をするスキームである。

7 　中小企業再生支援協議会は、産業競争力強化法127条に基づき、中小企業再生支援業務を行う者として認定を受けた商工会議所等の認定支援機関を受託機関として、同機関内に設置されている。中小企業再生支援協議会は、平成15年2月から全国に順次設置され、2014年8月末現在は全国47都道府県に1カ所ずつ設置されている。
　中小企業再生支援協議会では、事業再生に関する知識と経験とを有する専門家（金融機関出身者、公認会計士、税理士、弁護士、中小企業診断士など）が統括責任者（プロジェクトマネージャー）および統括責任者補佐（サブマネージャー）として常駐し、窮境にある中小企業者からの相談を受け付け、解決に向けた助言や支援施策・支援機関の紹介や、場合によっては弁護士の紹介などを行い（第一次対応）、事業性など一定の要件を満たす場合には再生計画の策定支援（第二次対応）を実施している（独立行政法人中小企業基盤整備機構のホームページ「中小企業再生支援協議会の業務内容」より）。

これに対し、事後調整型とは、まずはファンドが金融機関の債権をディスカウントで買い取ったうえで、事業再生支援をし、その後で金融機関調整を行い負債を適正化していくものである。

中小企業基盤整備機構が出資している事業再生ファンドの多くは、地域の中小企業再生支援協議会と連携しながら事前調整型を活用している。事前調整型は、金融機関および再生対象事業者と保証人の取扱い、経営責任の内容および金融支援の内容等の権利調整を行ってから投資するため、投資実行までに比較的に多くの時間を要する。

これに対し事後調整型は、このような権利調整は事前には行わず、金融機関とファンドの相対交渉のみで投資が実行されるため、比較的早期に事業再生に着手できる。しかし、事後調整型では購入できる債権のロットが少ないと、債務者に対し、債権者としての影響力を行使できなくなるため、購入後に少なくとも50％以上の貸出シェアを有しないとむずかしいことに留意する必要がある。

(3) 投資スタイル

REVICが運営する事業再生ファンドは、ハンズオンでの事業再生に主眼を置いている。事業再生ファンドは単なる投資ビークルであるため、REVICの事業再生支援業務のような金融機関を調整する機能はない。中小企業再生支援協議会を活用しながら、丁寧に金融機関対応をしていくことになる。

投資スタイルは債権の買取りが中心となる。金融機関の債権を将来のフリーキャッシュフロー等を前提に時価で買取りをし、事業再生が完了した後は、地域の金融機関にリファイナンスをし、エグジットする。

ニューマネーも出資、融資で対応していく所存である。エグジットに柔軟性をもたせるために劣後ローンや優先株などのメザニンファイナンスが中心になると考えられる。これらは再生した後に地域金融機関によるリファイナンスが期待できるからである。

参考法令等

- 株式会社地域経済活性化支援機構法……………………144
- 株式会社地域経済活性化支援機構法施行令…………163
- 株式会社地域経済活性化支援機構法施行規則………165
- 株式会社地域経済活性化支援機構支援基準…………175

株式会社地域経済活性化支援機構法（平成21年法律第63号）

目 次
　第1章　総則（第1条―第5条）
　第2章　設立（第6条―第12条）
　第3章　管理
　　第1節　取締役等（第13条・第14条）
　　第2節　地域経済活性化支援委員会（第15条―第20条）
　　第3節　定款の変更（第21条）
　第4章　業務
　　第1節　業務の範囲等（第22条・第23条）
　　第2節　支援基準（第24条）
　　第3節　業務の実施（第25条―第38条）
　第5章　財務及び会計（第39条―第44条）
　第6章　監督（第45条・第46条）
　第7章　解散等（第47条―第50条）
　第8章　預金保険機構の業務の特例等（第51条―第57条）
　第9章　雑則（第58条―第67条）
　第10章　罰則（第68条―第74条）
　附　則
　　　第1章　総　　則
（機構の目的）
第1条　株式会社地域経済活性化支援機構は、雇用機会の確保に配慮しつつ、地域における総合的な経済力の向上を通じて地域経済の活性化を図り、併せてこれにより地域の信用秩序の基盤強化にも資するようにするため、金融機関、地方公共団体等と連携しつつ、有用な経営資源を有しながら過大な債務を負っている中小企業者その他の事業者に対して金融機関等が有する債権の買取りその他の業務を通じた当該事業者の事業の再生の支援及び地域経済の活性化に資する資金供給を行う投資事業有限責任組合の無限責任組合員としてその業務を執行する株式会社の経営管理その他の業務を通じた地域経済の活性化に資する事業活動の支援を行うことを目的とする株式会社とする。
（定義）
第2条　この法律において「金融機関等」とは、次に掲げる者をいう。
　一　預金保険法（昭和46年法律第34号）第2条第1項に規定する金融機関
　二　農水産業協同組合貯金保険法（昭和48年法律第53号）第2条第1項に規定する農水産業協同組合
　三　保険業法（平成7年法律第105号）第2条第2項に規定する保険会社
　四　貸金業法（昭和58年法律第32号）第2条第2項に規定する貸金業者
　五　政策金融機関、預金保険機構、信用保証協会その他これらに準ずる主務省令で定める特殊法人等（法律により直接に設立された法人若しくは特別の法律により特別の設立行為をもって設立された法人のうち総務省設置法（平成11年法律第91号）第4条第15号の規定の適用を受けるもの、特別の法律により設立され、かつ、その設立に関し行政官庁の認可を要する法人又は独立行政法人通則法（平成11年法律第103号）第2条第1項に規定する独立行政法人をいう。）
　六　前各号に掲げる者のほか、金銭の貸付けその他金融に関する業務を行う事業者で主務省令で定めるもの
（数）
第3条　株式会社地域経済活性化支援機構（以下「機構」という。）は、一を限り、設立されるものとする。
（株式）
第4条　預金保険機構は、常時、機構が発行している株式（株主総会において決議をすることができる事項の全部について議決権を行使することができないものと定められた種類の株式を除く。以下この項において同じ。）の総数の2分の1以上に当たる数の株式を保有していなければならない。
2　機構は、募集株式（会社法（平成17年法律第86号）第199条第1項に規定する募集株式をいう。第73条第1号において同じ。）を引き受ける者の募集をしようとするときは、主務大臣の認可を受けなければならない。
（商号）
第5条　機構は、その商号中に株式会社地域経済活性化支援機構という文字を用いなければならない。
2　機構でない者は、その名称中に地域経済活性化支援機構という文字を用いてはならない。
　　　第2章　設　　立
（機構の設立の方法）
第6条　機構は、会社法第25条第1項第1号に掲げる方法により設立しなければならない。
（定款の記載又は記録事項）
第7条　機構の定款には、会社法第27条各号に掲

げる事項のほか、次に掲げる事項を記載し、又は記録しなければならない。
一　会社法第107条第1項第1号に掲げる事項
二　取締役会及び監査役を置く旨
三　第22条第1項各号に掲げる業務の完了により解散する旨
2　機構の定款には、次に掲げる事項を記載し、又は記録してはならない。
一　会社法第2条第12号に規定する委員会を置く旨
二　会社法第139条第1項ただし書に規定する別段の定め

（設立の認可等）
第8条　機構の発起人は、定款を作成し、かつ、機構の設立に際して発行する株式の全部を引き受けた後、速やかに、定款及び事業計画書を主務大臣に提出して、設立の認可を申請しなければならない。

第9条　主務大臣は、前条の規定による認可の申請があった場合においては、その申請が次に掲げる基準に適合するかどうかを審査しなければならない。
一　設立の手続及び定款の内容が法令の規定に適合するものであること。
二　定款に虚偽の記載若しくは記録又は虚偽の署名若しくは記名押印（会社法第26条第2項の規定による署名又は記名押印に代わる措置を含む。）がないこと。
三　業務の運営が健全に行われ、地域経済の再建に寄与し、併せて地域の信用秩序の基盤強化にも資することが確実であると認められること。
2　主務大臣は、前項の規定により審査した結果、その申請が同項各号に掲げる基準に適合していると認めるときは、設立の認可をしなければならない。

（設立時取締役及び設立時監査役の選任及び解任）
第10条　会社法第38条第1項に規定する設立時取締役及び同条第2項第2号に規定する設立時監査役の選任及び解任は、主務大臣の認可を受けなければ、その効力を生じない。

（会社法の規定の読替え）
第11条　会社法第30条第2項、第33条第1項、第34条第1項及び第963条第1項の規定の適用については、同法第30条第2項中「前項の公証人の認証を受けた定款は、株式会社の成立前」とあるのは「株式会社企業再生支援機構法（平成21年法律第63号）第9条第2項の認可の後株式会社企業再生支援機構の成立前は、定款」と、同法第33条第1項中「第30条第1項の公証人の認証」とあるのは「株式会社企業再生支援機構法第9条第2項の認可」と、同法第34条第1項中「設立時発行株式の引受け」とあるのは「株式会社企業再生支援機構法第9条第2項の認可」と、同法第963条第1項中「第34条第1項」とあるのは「第34条第1項（株式会社企業再生支援機構法第11条の規定により読み替えて適用する場合を含む。）」とする。

（会社法の規定の適用除外）
第12条　会社法第30条第1項の規定は、機構の設立については、適用しない。
2　会社法第33条の規定は、同法第28条第4号に掲げる事項を機構の定款に記載し、又は記録した場合における当該事項については、適用しない。

第3章　管　理
第1節　取締役等

（取締役及び監査役の選任等の決議）
第13条　機構の取締役及び監査役の選任及び解任の決議は、主務大臣の認可を受けなければ、その効力を生じない。

（取締役等の秘密保持義務）
第14条　機構の取締役、会計参与、監査役若しくは職員又はこれらの職にあった者は、その職務上知ることができた秘密を漏らし、又は盗用してはならない。

第2節　地域経済活性化支援委員会

（設置）
第15条　機構に、地域経済活性化支援委員会（以下「委員会」という。）を置く。

（権限）
第16条　委員会は、次に掲げる決定（第1号から第4号まで、第9号（再生支援対象事業者に係る部分に限る。）又は第10号に掲げる決定にあっては第25条第1項第1号の規定により認定を受けた事業者に係るもの又は取締役会の決議により委任を受けたものに限り、第5号から第7号まで又は第9号（特定支援対象事業者に係る部分に限る。）に掲げる決定にあっては取締役会の決議により委任を受けたものに限る。）を行う。
一　第25条第4項前段の再生支援をするかどうかの決定（同項後段の規定により再生支援決定と併せて行う選定及び決定を含む。）
二　第28条第1項の債権買取り等をするかどうかの決定
三　第30条第1項の買取申込み等期間の延長の決定
四　第31条第1項の出資決定

五　第32条の２第３項前段の特定支援をするかどうかの決定（同項後段の規定により特定支援決定と併せて行う選定及び決定を含む。）
　六　第32条の５第１項の特定債権買取りをするかどうかの決定
　七　第32条の７第１項の買取申込み等期間の延長の決定
　八　第32条の12第３項の特定組合出資をするかどうかの決定
　九　第33条第１項の債権又は株式若しくは持分の譲渡その他の処分の決定（再生支援対象事業者（第26条第１項に規定する再生支援対象事業者をいう。第22条第１項及び第３項並びに第25条第４項において同じ。）、特定支援対象事業者（第32条の３第１項に規定する特定支援対象事業者をいう。第22条第１項第３号及び第３項並びに第32条の２第３項において同じ。）又は第22条第１項第７号に規定する対象特定組合に係るものに限る。）
　十　第34条の２第１項又は第35条第１項の確認の決定
　十一　前各号に掲げるもののほか、会社法第362条第４項第１号及び第２号に掲げる事項のうち取締役会の決議により委任を受けた事項の決定
２　委員会は、前項第１号から第４号まで、第９号又は第10号に掲げる決定（第25条第１項第１号の規定により認定を受けた事業者に係るものに限る。）について、取締役会から委任を受けたものとみなす。

　（組織）
第17条　委員会は、取締役である委員３人以上７人以内で組織する。
２　委員の過半数は、社外取締役でなければならない。
３　委員の中には、代表取締役が１人以上含まれなければならない。
４　委員は、取締役会の決議により定める。
５　委員の選定及び解職の決議は、主務大臣の認可を受けなければ、その効力を生じない。
６　委員は、それぞれ独立してその職務を執行する。
７　委員会に委員長を置き、委員の互選によってこれを定める。
８　委員長は、委員会の会務を総理する。
９　委員会は、あらかじめ、委員のうちから、委員長に事故がある場合に委員長の職務を代理する者を定めておかなければならない。

　（運営）
第18条　委員会は、委員長（委員長に事故があるときは、前条第９項に規定する委員長の職務を代理する者。以下この条において同じ。）が招集する。
２　委員会は、委員長が出席し、かつ、現に在任する委員の総数の３分の２以上の出席がなければ、会議を開き、議決をすることができない。
３　委員会の議事は、出席した委員の過半数をもって決する。可否同数のときは、委員長が決する。
４　前項の規定による決議について特別の利害関係を有する委員は、議決に加わることができない。
５　前項の規定により議決に加わることができない委員の数は、第２項に規定する現に在任する委員の数に算入しない。
６　監査役は、委員会に出席し、必要があると認めるときは、意見を述べなければならない。
７　委員会の委員であって委員会によって選定された者は、第３項の規定による決議後、遅滞なく、当該決議の内容を取締役会に報告しなければならない。
８　委員会の議事については、主務省令で定めるところにより、議事録を作成し、議事録が書面をもって作成されているときは、出席した委員及び監査役は、これに署名し、又は記名押印しなければならない。
９　前項の議事録が電磁的記録（電子的方式、磁気的方式その他人の知覚によっては認識することができない方式で作られる記録であって、電子計算機による情報処理の用に供されるものとして主務省令で定めるものをいう。次条第２項第２号において同じ。）をもって作成されている場合における当該電磁的記録に記録された事項については、主務省令で定める署名又は記名押印に代わる措置をとらなければならない。
10　前各項及び次条に定めるもののほか、議事の手続その他委員会の運営に関し必要な事項は、委員会が定める。

　（議事録）
第19条　機構は、委員会の日から10年間、前条第８項の議事録をその本店に備え置かなければならない。
２　株主は、その権利を行使するために必要があるときは、裁判所の許可を得て、次に掲げる請求をすることができる。
　一　前項の議事録が書面をもって作成されているときは、当該書面の閲覧又は謄写の請求
　二　前項の議事録が電磁的記録をもって作成されているときは、当該電磁的記録に記録された事項を主務省令で定める方法により表示し

たものの閲覧又は謄写の請求
3　債権者は、委員の責任を追及するために必要があるときは、裁判所の許可を得て、第1項の議事録について前項各号に掲げる請求をすることができる。
4　裁判所は、第2項各号に掲げる請求又は前項の請求に係る閲覧又は謄写をすることにより、機構、その子会社又は預金保険機構に著しい損害を及ぼすおそれがあると認めるときは、第2項又は前項の許可をすることができない。
5　会社法第868条第1項、第869条、第870条（第1号に係る部分に限る。）、第871条本文、第872条（第4号に係る部分に限る。）、第873条本文、第875条及び第876条の規定は、第2項及び第3項の許可について準用する。
6　取締役は、第1項の議事録について第2項各号に掲げる請求をすることができる。

（登記）
第20条　機構は、委員を選定したときは、2週間以内に、その本店の所在地において、委員の氏名を登記しなければならない。委員の氏名に変更を生じたときも、同様とする。
2　前項の規定による委員の選定の登記の申請書には、委員の選定及び選定された委員が就任を承諾したことを証する書面を添付しなければならない。
3　委員の退任による変更の登記の申請書には、これを証する書面を添付しなければならない。
4　機構は、委員に選定された取締役のうち社外取締役であるものについて、社外取締役である旨を登記しなければならない。

第3節　定款の変更

第21条　機構の定款の変更の決議は、主務大臣の認可を受けなければ、その効力を生じない。

第4章　業　務
第1節　業務の範囲等

（業務の範囲）
第22条　機構は、その目的を達成するため、次に掲げる業務を営むものとする。
一　再生支援対象事業者に対して金融機関等が有する債権の買取り又は再生支援対象事業者に対して金融機関等が有する貸付債権等（貸付債権その他これに準ずる債権として主務省令で定めるものをいう。以下同じ。）の信託の引受け（以下「債権買取り等」という。）
二　再生支援対象事業者に対する次に掲げる業務
　イ　資金の貸付け（社債の引受けを含む。）
　ロ　金融機関等からの資金の借入れに係る債務の保証
　ハ　出資（再生支援対象事業者の株式の取得を含む。第10号及び第31条第1項において同じ。）
　ニ　事業の再生に関する専門家の派遣
　ホ　事業活動に関する必要な助言
三　特定支援対象事業者に対して金融機関等が有する債権の買取り（以下「特定債権買取り」という。）
四　特定信託引受対象事業者（第32条の9第5項に規定する特定信託引受決定の対象となった事業者をいう。以下同じ。）に対して1又は2以上の金融機関等（当該特定信託引受対象事業者に対して有する債権の額が最も多いものを除く。）が有する全ての貸付債権等の信託の引受け（以下「特定信託引受け」という。）
五　特定事業再生支援会社（第32条の10第4項に規定する特定出資決定の対象となった中小企業者その他の事業者の事業の再生を支援することを目的とする株式会社をいう。以下同じ。）に対する次に掲げる業務（以下「特定出資」という。）
　イ　出資（その発行の時において議決権を行使することができる事項のない株式であって、剰余金の配当及び残余財産の分配について優先的内容を有するものの引受けに係るものに限る。）
　ロ　劣後特約付金銭消費貸借（元利金の支払について劣後的内容を有する特約が付された金銭の消費貸借であって主務省令で定めるものをいう。）による資金の貸付け（劣後特約付社債（元利金の支払について劣後的内容を有する特約が付された社債であって主務省令で定めるものをいう。）の引受けを含む。）
六　特定専門家派遣対象機関（第33条第2項第2号に規定する特定専門家派遣決定により専門家の派遣の対象となった者をいう。第3項において同じ。）に対する事業の再生に関する専門家又は新たな事業の創出その他の地域経済の活性化に資する事業活動で主務省令で定めるもの（第32条の11第1項において「地域経済活性化事業活動」という。）に関する専門家の派遣（以下「特定専門家派遣」という。）
七　対象特定組合（第32条の12第4項に規定する特定組合出資決定の対象となった特定組合（投資事業有限責任組合契約に関する法律（平成10年法律第90号）第2条第2項に規定する投資事業有限責任組合であって、地域経

済の活性化に資する資金供給を行うもので主務省令で定めるものをいう。以下同じ。）をいう。以下同じ。）に対する出資（当該出資により当該対象特定組合の有限責任組合員となるものに限る。以下「特定組合出資」という。）

八　単独で又は民間事業者と共同して、特定組合の無限責任組合員となる株式会社の設立の発起人となり、及び設立のための出資を行い、並びに当該株式会社の経営管理を行うこと（以下「特定経営管理」という。）。

九　債権買取り等、特定債権買取り又は特定信託引受けに係る債権の管理及び譲渡その他の処分（債権者としての権利の行使に関する一切の裁判上又は裁判外の行為を含む。）

十　出資に係る株式又は持分の譲渡その他の処分

十一　前各号に掲げる業務に関連して必要な交渉及び調査として行う法律事務

十二　前各号に掲げる業務に附帯する業務

十三　前各号に掲げるもののほか、機構の目的を達成するために必要な業務

2　機構は、前項第13号に掲げる業務を営もうとするときは、あらかじめ、主務大臣の認可を受けなければならない。

3　機構は、第1項各号に掲げる業務のほか、当該業務の完了までの間、その業務の遂行に支障のない範囲内で、事業者（再生支援対象事業者、特定支援対象事業者、特定信託引受対象事業者、特定事業再生支援会社、特定専門家派遣対象機関（特定事業再生支援会社であるものを除く。）、対象特定組合及び特定経営管理に係る株式会社（第33条第1項及び第2項において「再生支援対象事業者等」という。）を除く。）の依頼に応じて、その事業活動に関し必要な助言を行うことができる。

（銀行法等の規定の適用）

第23条　機構が前条第1項各号に掲げる業務を行う場合には、機構を銀行法（昭和56年法律第59号）第2条第1項に規定する銀行とみなして、同法第13条の2及び第23条の規定を適用する。この場合において、同法第13条の2中「内閣府令」とあるのは「内閣府令・総務省令・財務省令・経済産業省令」と、「内閣総理大臣」とあるのは「内閣総理大臣、総務大臣、財務大臣及び経済産業大臣」とする。

2　機構が前条第1項第1号に掲げる貸付債権等の信託の引受けの業務又は特定信託引受けの業務を行う場合には、機構を金融機関の信託業務の兼営等に関する法律（昭和18年法律第43号）第1条第1項の認可を受けた金融機関とみなして、同法第2条第1項において準用する信託業法（平成16年法律第154号）第24条第1項、第28条並びに第29条第1項及び第2項の規定並びに金融機関の信託業務の兼営等に関する法律第17条（第1号及び第2号に係る部分に限る。）及び第22条（第3号に係る部分に限る。）の規定を適用する。

3　機構が貸金業法第2条第2項に規定する貸金業者（第32条の10第1項において単に「貸金業者」という。）から債権買取り等、特定債権買取り又は特定信託引受けを行う場合には、同法第24条の規定は、適用しない。

第2節　支援基準

第24条　主務大臣は、機構が、第22条第1項第1号及び第2号に掲げる業務（これらの業務に関連する同項第9号から第13号までに掲げる業務を含む。）の実施による事業の再生の支援（以下「再生支援」という。）並びに同項第3号に掲げる業務（当該業務に関連する同項第9号及び第11号から第13号までに掲げる業務を含む。）の実施による地域経済の活性化に資する事業活動の実施に寄与するために必要な債務の整理の支援（以下「特定支援」という。）をするかどうかを決定するに当たって従うべき基準並びに次に掲げる業務を行うかどうかを決定するに当たって従うべき基準（以下「支援基準」と総称する。）を定めるものとする。

一　債権買取り等
二　特定債権買取り
三　特定信託引受け
四　特定出資
五　特定専門家派遣
六　特定組合出資
七　特定経営管理

2　主務大臣は、前項の規定により支援基準（同項第4号から第7号までに掲げる業務に係るものを除く。）を定めようとするときは、あらかじめ、再生支援、特定支援及び特定信託引受けの対象となる事業者の事業を所管する大臣の意見を聴かなければならない。

3　主務大臣は、第1項の規定により支援基準を定めたときは、これを公表するものとする。

第3節　業務の実施

（再生支援決定）

第25条　過大な債務を負っている事業者であって、債権者その他の者と協力してその事業の再生を図ろうとするもの（次に掲げる法人を除く。）は、機構に対し、再生支援の申込みをすることができる。

一 資本金の額若しくは出資の総額又は常時使用する従業員の数を勘案して大規模な事業者として政令で定める事業者（再生支援による事業の再生が図られなければ、当該事業者の業務のみならず地域における総合的な経済活動に著しい障害が生じ、地域経済の再建、地域の信用秩序の維持又は雇用の状況に甚大な影響を及ぼすおそれがあると主務大臣が認めるものを除く。）
二 地方住宅供給公社、地方道路公社及び土地開発公社
三 前号に掲げるもののほか、国又は地方公共団体が資本金、基本金その他これらに準ずるものの4分の1以上を出資している法人（国又は地方公共団体がその経営を実質的に支配することができないものとして政令で定める法人を除く。）
四 前2号に掲げるもののほか、その役員に占める公益的法人等への一般職の地方公務員の派遣等に関する法律（平成12年法律第50号）第3条第2項に規定する派遣職員又は同法第10条第2項に規定する退職派遣者の割合が政令で定める割合を超えている法人その他国又は地方公共団体がその経営を実質的に支配することが可能な関係にあるものとして政令で定める法人

2 前項の申込みは、当該申込みをする事業者の事業の再生の計画（以下「事業再生計画」という。）を添付して行わなければならない。
3 第1項の申込みをする事業者が独立行政法人中小企業基盤整備機構又は認定支援機関（産業競争力強化法（平成25年法律第98号）第127条第2項に規定する認定支援機関をいう。以下同じ。）から第61条第2項の規定による書面の交付を受けた中小企業者であるときは、当該書面を添付して申込みをすることができる。
4 機構は、第1項の申込みがあったときは、遅滞なく、支援基準に従って、再生支援をするかどうかを決定するとともに、その結果を当該申込みをした事業者（前項に規定する中小企業者が申込みをした場合にあっては、当該申込みをした中小企業者及び当該書面を交付した独立行政法人中小企業基盤整備機構又は認定支援機関）に通知しなければならない。この場合において、機構は、再生支援をする旨の決定（以下「再生支援決定」という。）を行ったときは、併せて、次条第1項に規定する関係金融機関等の選定、再生支援対象事業者の事業の再生のために当該関係金融機関等が同項各号に掲げる申込み又は同意をすることが必要と認められる債権の額（第28条第2項、第30条第1項、第31条第1項及び第32条第1項第3号において「必要債権額」という。）及び次条第1項に規定する買取申込み等期間の決定並びに第27条第1項に規定する回収等停止要請をすべきかどうかの決定を行わなければならない。
5 機構は、再生支援をするかどうかを決定するに当たっては、第1項の申込みをした事業者における事業再生計画についての労働者との協議の状況等に配慮しなければならない。
6 機構は、再生支援をするかどうかを決定するに当たっては、第1項の申込みをした事業者の企業規模が小さいことのみを理由として不利益な取扱いをしてはならない。
7 機構は、再生支援決定を行ったときは、速やかに、主務大臣にその旨を報告しなければならない。
8 再生支援決定は、平成30年3月31日までに行わなければならない。ただし、機構があらかじめ主務大臣の認可を受けた事業者に対しては、同年9月30日までの間、行うことができる。

（買取申込み等の求め）
第26条 機構は、再生支援決定を行ったときは、直ちに、その対象となった事業者（以下「再生支援対象事業者」という。）の債権者である金融機関等のうち事業再生計画に基づく再生支援対象事業者の事業の再生のために協力を求める必要があると認められるもの（以下この項及び次項、次条、第28条第1項及び第3項、第30条第2項、第32条第1項第3号及び第2項並びに第35条第1項第2号において「関係金融機関等」という。）に対し、再生支援決定の日から起算して3月以内で機構が定める期間（次条、第28条第1項、第30条並びに第32条第1項第1号、第3号及び第4号において「買取申込み等期間」という。）内に、当該関係金融機関等が再生支援対象事業者に対して有する全ての債権につき、次に掲げる申込み又は同意をする旨の回答（第28条第1項から第3項まで、第30条第1項及び第2項、第31条第1項並びに第32条第1項第3号及び第2項において「買取申込み等」という。）をするように求めなければならない。この場合において、関係金融機関等に対する求めは、第1号に掲げる申込みをする旨の回答をするように求める方法、第2号に掲げる同意をする旨の回答をするように求める方法又は当該申込み若しくは当該同意のいずれかをする旨の回答をするように求める方法のいずれかにより行うものとする。
一 債権の買取りの申込み

二　事業再生計画に従って債権の管理又は処分をすることの同意（再生支援対象事業者に対する貸付債権等を信託財産とし、当該同意に係る事業再生計画に従ってその管理又は処分を機構に行わせるための信託の申込みを含む。）

2　前項の関係金融機関等に対する求めは、再生支援決定を行った旨の通知及び事業再生計画を添付して行わなければならない。

3　第1項第1号の債権の買取りの申込みは、価格を示して行うものとする。

（回収等停止要請）

第27条　機構は、関係金融機関等が再生支援対象事業者に対し債権の回収その他主務省令で定める債権者としての権利の行使（以下この項、次条第3項及び第32条第1項第3号において「回収等」という。）をすることにより、買取申込み等期間が満了する前に再生支援対象事業者の事業の再生が困難となるおそれがあると認められるときは、全ての関係金融機関等に対し、前条第1項前段の規定による求めに併せて、買取申込み等期間が満了するまでの間、回収等をしないことの要請（次項、次条第3項及び第32条第1項第3号において「回収等停止要請」という。）をしなければならない。

2　機構は、前項の場合において、買取申込み等期間が満了する前に、次条第1項に規定する買取決定を行い、又は第32条第1項第3号の規定により再生支援決定を撤回したときは、直ちに、回収等停止要請を撤回し、その旨を全ての関係金融機関等に通知しなければならない。

（買取決定）

第28条　機構は、買取申込み等期間が満了し、又は買取申込み等期間が満了する前に全ての関係金融機関等から買取申込み等があったときは、速やかに、それぞれの買取申込み等（第26条第1項第1号に掲げる債権の買取りの申込み又は同項第2号に規定する信託の申込みをする旨のものに限る。第3項において同じ。）に対し、支援基準に従って、債権買取り等をするかどうかを決定しなければならない。この場合において、債権買取り等をする旨の決定（以下この条及び第31条第1項において「買取決定」という。）をするときは、一括して行わなければならない。

2　前項の場合において、機構は、買取申込み等に係る債権のうち、買取りをすることができると見込まれるものの額及び第26条第1項第2号に掲げる同意に係るものの額の合計額が必要債権額に満たないときは、買取決定を行ってはならない。

3　第1項の場合において、関係金融機関等が回収等停止要請に反して回収等をしたときは、機構は、当該関係金融機関等からの買取申込み等に対し、買取決定を行ってはならない。

4　機構は、買取決定を行ったときは、速やかに、主務大臣にその旨を報告しなければならない。

（買取価格）

第29条　機構が債権の買取りを行う場合の価格は、再生支援決定に係る事業再生計画を勘案した適正な時価を上回ってはならない。

（買取申込み等期間の延長）

第30条　機構は、買取申込み等に係る債権のうち、買取りをすることができると見込まれるものの額及び第26条第1項第2号に掲げる同意に係るものの額の合計額が、買取申込み等期間が満了しても必要債権額に満たないことになると見込まれるときは、当該買取申込み等期間の延長を決定することができる。この場合において、当該延長をする買取申込み等期間の末日は、再生支援決定の日から起算して3月以内でなければならない。

2　機構は、前項の規定により買取申込み等期間の延長を決定したときは、直ちに、その旨をすべての関係金融機関等に通知するとともに、まだ買取申込み等をしていない関係金融機関等に対し、当該延長をした買取申込み等期間内に買取申込み等をするように求めなければならない。

3　第26条第3項、第27条から前条まで及び第1項の規定は、同項の規定により買取申込み等期間の延長を決定した場合について準用する。この場合において、これらの規定中「買取申込み等期間」とあるのは「延長をした買取申込み等期間」と、第27条第1項中「前条第1項前段」とあるのは「第30条第2項」と読み替えるものとする。

（出資決定）

第31条　機構は、買取決定又は第26条第1項第2号に掲げる同意をする旨の買取申込み等に係る債権額のみで必要債権額を満たした場合における債権買取り等をしない旨の決定（以下「買取決定等」という。）を行った後でなければ、再生支援対象事業者に出資をする決定（次項において「出資決定」という。）をしてはならない。

2　機構は、出資決定を行ったときは、速やかに、主務大臣にその旨を報告しなければならない。

(再生支援決定の撤回)
第32条　機構は、次に掲げる場合には、速やかに、再生支援決定を撤回しなければならない。
一　買取申込み等期間(第30条第1項(同条第3項において準用する場合を含む。)の規定により延長をした買取申込み等期間を含む。第3号及び第4号において同じ。)が満了しても、買取申込み等がなかったとき。
二　買取決定等を行わなかったとき。
三　買取申込み等期間内に、関係金融機関等が回収等停止要請に反して回収等を行ったことにより、他の関係金融機関等による買取申込み等に係る債権額では必要債権額に満たないことが明らかになったとき。
四　買取申込み等期間内に、再生支援対象事業者が破産手続開始の決定、再生手続開始の決定、更生手続開始の決定、特別清算開始の命令又は外国倒産処理手続の承認の決定を受けたとき。

2　機構は、前項の規定により再生支援決定を撤回したときは、直ちに、再生支援対象事業者(当該再生支援対象事業者が第25条第3項に規定する中小企業者である場合にあっては、当該再生支援対象事業者及び当該再生支援対象事業者に第61条第2項の規定による書面を交付した独立行政法人中小企業基盤整備機構又は認定支援機関。以下この項において同じ。)及び関係金融機関等(前項第1号に掲げる場合にあっては再生支援対象事業者、同項第2号に掲げる場合にあっては再生支援対象事業者及び買取申込み等をした関係金融機関等)に対し、その旨を通知しなければならない。

(特定支援決定)
第32条の2　過大な債務を負っている事業者(第25条第1項第1号の政令で定める事業者及び同項第2号から第4号までに掲げる法人並びに再生支援対象事業者を除く。)の代表者その他これに準ずる者として主務省令で定めるもの(当該事業者の債務の保証をしている者に限る。以下「代表者等」という。)であって、当該保証に係る債権を有する金融機関等と協力して新たな事業の創出その他の地域経済の活性化に資する事業活動の実施に寄与するために必要な当該事業者及びその代表者等の債務(代表者等の債務にあっては、当該事業者の債務の保証に係るものに限る。次項において同じ。)の整理を行おうとするものは、機構に対し、当該事業者及び当該金融機関等と連名で、特定支援の申込みをすることができる。

2　前項の申込みは、当該申込みをする事業者及びその代表者等の債務の弁済に関する計画(以下「弁済計画」という。)を添付して行わなければならない。

3　機構は、第1項の申込みがあったときは、遅滞なく、支援基準に従って、特定支援をするかどうかを決定するとともに、その結果を当該申込みをした代表者等、事業者及び金融機関等に通知しなければならない。この場合において、機構は、特定支援をする旨の決定(以下「特定支援決定」という。)を行ったときは、併せて、次条第1項に規定する関係金融機関等の選定、特定支援対象事業者及びその代表者等の債務(代表者等の債務にあっては、当該特定支援対象事業者の債務の保証に係るものに限る。同項、第32条の4第1項、第65条及び第66条において同じ。)の整理のために当該関係金融機関等が次条第1項各号に掲げる申込み又は同意をすることが必要と認められる債権の額(第32条の5第2項、第32条の7第1項及び第32条の8第1項第3号において「必要債権額」という。)及び次条第1項に規定する買取申込み等期間の決定並びに第32条の4第1項に規定する回収等停止要請をすべきかどうかの決定を行わなければならない。

4　機構は、特定支援をするかどうかを決定するに当たっては、第1項の申込みをした事業者における弁済計画についての労働者との協議の状況その他の状況に配慮しなければならない。

5　機構は、特定支援をするかどうかを決定するに当たっては、第1項の申込みをした事業者の企業規模が小さいことのみを理由として不利益な取扱いをしてはならない。

6　機構は、特定支援決定を行ったときは、速やかに、主務大臣にその旨を報告しなければならない。

7　特定支援決定は、平成30年3月31日までに行わなければならない。ただし、機構があらかじめ主務大臣の認可を受けた事業者及びその代表者等に対しては、同年9月30日までの間、行うことができる。

(買取申込み等の求め)
第32条の3　機構は、特定支援決定を行ったときは、直ちに、その対象となった事業者(以下「特定支援対象事業者」という。)の債権者である金融機関等のうち弁済計画に基づく特定支援対象事業者及びその代表者等の債務の整理のために協力を求める必要があると認められるもの(以下この項及び次項、次条、第32条の5第1項及び第3項、第32条の7第2項並びに第32条の8第1項第3号及び第2項において「関係金

融機関等」という。）に対し、特定支援決定の日から起算して3月以内で機構が定める期間（次条、第32条の5第1項、第32条の7並びに第32条の8第1項第1号、第3号及び第4号において「買取申込み等期間」という。）内に、当該関係金融機関等が特定支援対象事業者に対して有する全ての債権につき、次に掲げる申込み又は同意をする旨の回答（第32条の5第1項から第3項まで、第32条の7第1項及び第2項並びに第32条の8第1項第1号及び第3号並びに第2項において「買取申込み等」という。）をするように求めなければならない。この場合において、関係金融機関等に対する求めは、第1号に掲げる申込みをする旨の回答をするように求める方法、第2号に掲げる同意をする旨の回答をするように求める方法又は当該申込み若しくは当該同意のいずれかをする旨の回答をするように求める方法のいずれかにより行うものとする。
　一　債権の買取りの申込み
　二　弁済計画に従って債権の管理又は処分をすることの同意
2　前項の関係金融機関等に対する求めは、特定支援決定を行った旨の通知及び弁済計画を添付して行わなければならない。
3　第1項第1号の債権の買取りの申込みは、価格を示して行うものとする。

（回収等停止要請）
第32条の4　機構は、関係金融機関等が特定支援対象事業者及びその代表者等に対し債権（代表者等に対する債権にあっては、当該特定支援対象事業者の債務の保証に係るものに限る。）の回収その他主務省令で定める債権者としての権利の行使（以下この項、次条第3項及び第32条の8第1項第3号において「回収等」という。）をすることにより、買取申込み等期間が満了する前に特定支援対象事業者及びその代表者等の債務の整理の円滑な実施が困難となるおそれがあると認められるときは、全ての関係金融機関等に対し、前条第1項前段の規定による求めに併せて、買取申込み等期間が満了するまでの間、回収等をしないことの要請（次項、次条第3項及び第32条の8第1項第3号において「回収等停止要請」という。）をしなければならない。
2　機構は、前項の場合において、買取申込み等期間が満了する前に、次条第1項に規定する買取決定を行い、又は第32条の8第1項第3号の規定により特定支援決定を撤回したときは、直ちに、回収等停止要請を撤回し、その旨を全ての関係金融機関等に通知しなければならない。

（買取決定）
第32条の5　機構は、買取申込み等期間が満了し、又は買取申込み等期間が満了する前に全ての関係金融機関等から買取申込み等があったときは、速やかに、それぞれの買取申込み等（第32条の3第1項第1号に掲げる債権の買取りの申込みをする旨のものに限る。第3項において同じ。）に対し、支援基準に従って、特定債権買取りをするかどうかを決定しなければならない。この場合において、特定債権買取りをする旨の決定（以下この条及び第32条の8第1項第2号において「買取決定」という。）をするときは、一括して行わなければならない。
2　前項の場合において、機構は、買取申込み等に係る債権のうち、買取りをすることができると見込まれるものの額及び第32条の3第1項第2号に掲げる同意に係るものの額の合計額が必要債権額に満たないときは、買取決定を行ってはならない。
3　第1項の場合において、関係金融機関等が回収等停止要請に反して回収等をしたときは、機構は、当該関係金融機関等からの買取申込み等に対し、買取決定を行ってはならない。
4　機構は、買取決定を行ったときは、速やかに、主務大臣にその旨を報告しなければならない。

（買取価格）
第32条の6　機構が特定債権買取りを行う場合の価格は、特定支援決定に係る弁済計画を勘案した適正な時価を上回ってはならない。

（買取申込み等期間の延長）
第32条の7　機構は、買取申込み等に係る債権のうち、買取りをすることができると見込まれるものの額及び第32条の3第1項第2号に掲げる同意に係るものの額の合計額が、買取申込み等期間が満了しても必要債権額に満たないことになると見込まれるときは、当該買取申込み等期間の延長を決定することができる。この場合において、当該延長をする買取申込み等期間の末日は、特定支援決定の日から起算して3月以内でなければならない。
2　機構は、前項の規定により買取申込み等期間の延長を決定したときは、直ちに、その旨を全ての関係金融機関等に通知するとともに、まだ買取申込み等をしていない関係金融機関等に対し、当該延長をした買取申込み等期間内に買取申込み等をするように求めなければならない。
3　第32条の3第3項、第32条の4から前条まで及び第1項の規定は、同項の規定により買取申

込み等期間の延長を決定した場合について準用する。この場合において、これらの規定中「買取申込み等期間」とあるのは「延長をした買取申込み等期間」と、第32条の4第1項中「前条第1項前段」とあるのは「第32条の7第2項」と読み替えるものとする。

(特定支援決定の撤回)
第32条の8　機構は、次に掲げる場合には、速やかに、特定支援決定を撤回しなければならない。
一　買取申込み等期間(前条第1項(同条第3項において準用する場合を含む。)の規定により延長をした買取申込み等期間を含む。第3号及び第4号において同じ。)が満了しても、買取申込み等がなかったとき。
二　買取決定を行わなかったとき。
三　買取申込み等期間内に、関係金融機関等が回収等停止要請に反して回収等を行ったことにより、他の関係金融機関等による買取申込み等に係る債権額では必要債権額に満たないことが明らかになったとき。
四　買取申込み等期間内に、特定支援対象事業者の代表者等が破産手続開始の決定、再生手続開始の決定又は外国倒産処理手続の承認の決定を受けたとき。
2　機構は、前項の規定により特定支援決定を撤回したときは、直ちに、特定支援対象事業者及びその代表者等並びに関係金融機関等(同項第1号に掲げる場合にあっては特定支援対象事業者及びその代表者等、同項第2号に掲げる場合にあっては特定支援対象事業者及びその代表者等並びに買取申込み等をした関係金融機関等)に対し、その旨を通知しなければならない。

(特定信託引受決定)
第32条の9　過大な債務を負っている事業者であって、当該事業者に対して有する債権の額が最も多い金融機関等その他の者と協力してその事業の再生を図ろうとするもの(第25条第1項第1号の政令で定める事業者及び同項第2号から第4号までに掲げる法人並びに再生支援対象事業者を除く。)は、機構に対し、当該金融機関等及び貸付債権等を信託しようとする当該事業者の債権者である金融機関等と連名で、特定信託引受けの申込みをすることができる。
2　前項の申込みは、当該申込みをする事業者の事業の再生のおおよその見通しを記載した書面その他主務省令で定める書面を添付して行わなければならない。
3　機構は、第1項の申込みがあったときは、遅滞なく、支援基準に従って、特定信託引受けを

するかどうかを決定するとともに、その結果を当該申込みをした事業者及び金融機関等に通知しなければならない。
4　機構は、特定信託引受けをするかどうかを決定するに当たっては、第1項の申込みをした事業者の企業規模が小さいことのみを理由として不利益な取扱いをしてはならない。
5　機構は、特定信託引受けをする旨の決定(以下「特定信託引受決定」という。)を行ったときは、速やかに、主務大臣にその旨を報告しなければならない。
6　特定信託引受決定は、平成30年3月31日までに行わなければならない。ただし、機構があらかじめ主務大臣の認可を受けた事業者及び金融機関等に対しては、同年9月30日までの間、行うことができる。

(特定出資決定等)
第32条の10　中小企業者その他の事業者の事業の再生を支援することを目的とする株式会社(貸金業者であるものに限る。)に分割又は現物出資により事業者に対する貸付債権を移転し、その対価として当該株式会社の株式を取得することにより、その総株主の議決権の全部を保有することとなる1又は2以上の金融機関等は、機構に対し、特定出資の申込みをすることができる。この場合において、当該申込みは、当該1又は2以上の金融機関等及び当該株式会社の連名でするものとする。
2　前項の申込みは、次に掲げる書面を添付して行わなければならない。
一　当該株式会社に移転する貸付債権に係る事業者(以下「貸付債権移転対象事業者」という。)の事業の再生のおおよその見通しを記載した書面
二　貸付債権移転対象事業者が経営の改善のための計画を作成し、かつ、当該計画を達成することができると見込まれるとき、又は貸付債権移転対象事業者の経営が改善したと認められるときは、当該貸付債権移転対象事業者に対し、当該貸付債権移転対象事業者に対する貸付債権を当該株式会社に移転する金融機関等が資金の貸付けを行う旨を約していることを証する書面
三　当該株式会社が貸付債権移転対象事業者に対して資金の貸付けを行う場合には、当該資金の貸付けは、当該金融機関等が当該貸付債権移転対象事業者に対して前号に規定する資金の貸付けを行うまでの間における当該貸付債権移転対象事業者の事業の継続に欠くことができないものに限る旨を約していることを

証する書面
　四　その他主務省令で定める書面
3　機構は、第1項の申込みがあったときは、遅滞なく、支援基準に従って、特定出資をするかどうかを決定するとともに、その結果を当該申込みをした金融機関等に通知しなければならない。
4　機構は、特定出資をする旨の決定（次項及び第33条第2項第1号において「特定出資決定」という。）を行ったときは、速やかに、主務大臣にその旨を報告しなければならない。
5　特定出資決定は、平成30年3月31日までに行わなければならない。ただし、機構があらかじめ主務大臣の認可を受けた金融機関等に対しては、同年9月30日までの間、行うことができる。
6　金融機関等は、機構が特定出資に係る株式又は債権の全部につき譲渡その他の処分をするまでの間、当該特定出資に係る特定事業再生支援会社の株式（機構が保有するものを除く。）の全部を継続して保有しなければならない。

（特定専門家派遣に係る決定）
第32条の11　金融機関等、特定事業再生支援会社その他事業者の事業の再生又は地域経済活性化事業活動を支援する業務を行う者として主務省令で定めるものは、その業務を行うために必要があると認めるときは、機構に対し、当該者又は当該者の支援の対象となる事業者であって主務省令で定めるものに対する特定専門家派遣の申込みをすることができる。
2　前項の申込みは、理由書その他主務省令で定める書面を添付して行わなければならない。
3　機構は、第1項の申込みがあったときは、遅滞なく、支援基準に従って、特定専門家派遣をするかどうかを決定するとともに、その結果を当該申込みをした者に通知しなければならない。

（特定組合出資決定等）
第32条の12　特定組合の無限責任組合員（無限責任組合員となろうとする者又は無限責任組合員となる法人を設立しようとする者を含む。第3項及び第38条第1項第9号において同じ。）は、機構に対し、特定組合出資の申込みをすることができる。
2　前項の申込みは、理由書その他主務省令で定める書面を添付して行わなければならない。
3　機構は、第1項の申込みがあったときは、遅滞なく、支援基準に従って、特定組合出資をするかどうかを決定するとともに、その結果を当該申込みをした特定組合の無限責任組合員に通知しなければならない。
4　機構は、特定組合出資をする旨の決定（次項及び第33条第2項第2号において「特定組合出資決定」という。）を行ったときは、速やかに、主務大臣にその旨を報告しなければならない。
5　特定組合出資決定は、平成30年3月31日までに行わなければならない。

（特定経営管理決定等）
第32条の13　機構は、特定経営管理をしようとするときは、あらかじめ、支援基準に従って、特定経営管理をする旨の決定（以下「特定経営管理決定」という。）を行わなければならない。
2　機構は、特定経営管理決定を行ったときは、速やかに、主務大臣にその旨を報告しなければならない。
3　特定経営管理決定は、平成30年3月31日までに行わなければならない。
4　機構は、特定組合の無限責任組合員が特定経営管理に係る株式会社のみである場合には、当該株式会社の総株主の議決権の全部を取得し、又は保有してはならない。

（債権等の譲渡その他の処分の決定等）
第33条　機構は、再生支援対象事業者等に係る債権又は株式若しくは持分の譲渡その他の処分の決定を行ったときは、速やかに、主務大臣にその旨を報告しなければならない。
2　機構は、経済情勢、再生支援対象事業者等の事業の状況その他の事情を考慮しつつ、次の各号に掲げる決定の区分に応じ、当該各号に定める期間内に、当該決定に係る全ての業務を完了するように努めなければならない。
　一　再生支援決定、特定支援決定、特定信託引受決定又は特定出資決定　これらの決定の日から5年以内（第25条第8項ただし書、第32条の2第7項ただし書、第32条の9第6項ただし書又は第32条の10第5項ただし書の認可を受けてこれらの決定を行った場合は、平成35年3月31日まで）で、かつ、できる限り短い期間
　二　特定専門家派遣決定（特定専門家派遣をする旨の決定をいう。）、特定組合出資決定又は特定経営管理決定　これらの決定の日から平成35年3月31日までの期間
3　機構が貸付債権等の信託の引受けを行う場合における信託契約の終了の日は、再生支援決定又は特定信託引受決定の日から5年以内（第25条第8項ただし書又は第32条の9第6項ただし書の認可を受けてこれらの決定を行った場合は、平成35年3月31日まで）でなければならな

い。
4　機構が債務の保証を行う場合におけるその対象となる貸付金の償還期限は、再生支援決定の日から5年以内（第25条第8項ただし書の認可を受けて再生支援決定を行った場合は、平成35年3月31日まで）でなければならない。
（公表）
第34条　機構は、主務省令で定めるところにより、再生支援決定その他機構が行ったことの概要を示すために必要なものとして主務省令で定める事項を公表しなければならない。
（償還すべき社債の金額の減額に関する機構の確認）
第34条の2　社債権者集会の決議に基づき償還すべき社債の金額について減額を行う旨が記載された事業再生計画に従って事業の再生を図ろうとする再生支援対象事業者は、機構に対し、当該減額が再生支援対象事業者の事業の再生に欠くことができないものとして主務大臣が定める基準に該当するものであることの確認を求めることができる。
2　機構は、前項の確認を行ったときは、直ちに、その旨を、当該再生支援対象事業者に通知するものとする。
（社債権者集会の決議の認可に関する判断の特例）
第34条の3　裁判所は、前条第1項の規定により機構が確認を行った償還すべき社債の金額について減額を行う旨の社債権者集会の決議に係る会社法第732条に規定する認可の申立てが行われた場合には、当該減額が当該再生支援対象事業者の事業の再生に欠くことができないものであることが確認されていることを考慮した上で、当該社債権者集会の決議が同法第733条第4号に掲げる場合に該当するかどうかを判断しなければならない。
2　裁判所は、前項に規定する認可の申立てが行われた場合には、機構に対し、意見の陳述を求めることができる。
（資金の貸付けに関する機構の確認）
第35条　再生支援対象事業者に係る再生支援決定の時から買取決定等の時までの間に当該再生支援対象事業者に資金の貸付けを行おうとする金融機関等は、機構に対し、当該貸付けが次の各号のいずれにも適合することの確認を求めることができる。
一　当該貸付けが、再生支援対象事業者の事業の継続に欠くことができないものとして主務大臣が定める基準に該当するものであること。

二　再生支援対象事業者の事業再生計画に、当該貸付けに係る債権の弁済を機構及び第26条第1項第2号に掲げる同意をした関係金融機関等（以下「機構等」という。）が有する他の債権の弁済よりも優先的に取り扱う旨が記載されていること（当該事業再生計画に、機構等が再生支援対象事業者の債務を免除する旨が記載されている場合に限る。）。
2　機構は、前項の確認を行ったときは、直ちに、その旨を、当該金融機関等に通知するとともに、公告するものとする。
3　前項の規定による公告は、時事に関する事項を掲載する日刊新聞紙に掲載する方法又はインターネットを利用する主務省令で定める方法でしなければならない。
4　機構は、第1項の確認を行った場合において、当該再生支援対象事業者に係る買取決定等を行ったときは、直ちに、その旨を当該確認を受けた金融機関等に通知するものとし、当該金融機関等がその通知を受けた時までに当該確認に係る貸付けを行っていないときは、当該確認は、その効力を失う。
（再生手続の特例）
第36条　裁判所（再生事件を取り扱う1人の裁判官又は裁判官の合議体をいう。次項において同じ。）は、機構が再生支援対象事業者に係る買取決定等の時から当該再生支援対象事業者に係る全ての債権並びに株式及び持分についての譲渡その他の処分の決定の時までの間に当該再生支援対象事業者について再生手続開始の申立てが行われた場合（当該申立ての時までに、機構等が事業再生計画に従って当該再生支援対象事業者の債務を免除している場合に限る。）において、前条第1項の規定により機構が確認を行った貸付けに係る再生債権と他の再生債権との間に権利の変更の内容に差を設ける再生計画案が提出され、又は可決されたときは、次に掲げる事項を考慮した上で、当該再生計画案が民事再生法（平成11年法律第225号）第155条第1項ただし書に規定する差を設けても衡平を害しない場合に該当するかどうかを判断しなければならない。
一　当該貸付けが、再生支援対象事業者の事業の継続に欠くことができないものであることが確認されていること。
二　機構等が事業再生計画に従って再生支援対象事業者の債務を免除していること及びその額。
2　裁判所は、前項に規定する差が設けられた再生計画案が提出され、又は可決された場合に

は、機構に対し、意見の陳述を求めることができる。

（更生手続についての準用）
第37条 前条の規定は、機構が再生支援対象事業者に係る買取決定等の時から当該再生支援対象事業者に係る全ての債権並びに株式及び持分についての譲渡その他の処分の決定の時までの間に当該再生支援対象事業者について更生手続開始の申立てが行われた場合（当該申立ての時までに、機構等が事業再生計画に従って当該再生支援対象事業者の債務を免除している場合に限る。）について準用する。この場合において、同条第1項中「再生事件」とあるのは「更生事件（会社更生法（平成14年法律第154号）第2条第3項に規定する更生事件をいう。）」と、「再生債権と他の再生債権」とあるのは「更生債権（同法第2条第8項に規定する更生債権をいう。以下同じ。）とこれと同一の種類の他の更生債権」と、「再生計画案」とあるのは「更生計画案」と、「民事再生法（平成11年法律第225号）第155条第1項ただし書」とあるのは「同法第168条第1項ただし書」と、同条第2項中「再生計画案」とあるのは「更生計画案」と読み替えるものとする。

（資料の交付又は閲覧）
第38条 機構は、その業務を行うために必要があるときは、次の各号に掲げる者に対し、当該各号に定める者の業務又は財産の状況に関する資料の提出を求めることができる。
一 再生支援の申込みをした事業者又は当該事業者に対して債権を有する金融機関等 当該事業者
二 再生支援対象事業者又は第26条第1項に規定する関係金融機関等 再生支援対象事業者
三 特定支援の申込みをした事業者又は当該事業者に対して債権を有する金融機関等 当該事業者
四 特定支援対象事業者又は第32条の3第1項に規定する関係金融機関等 特定支援対象事業者
五 特定信託引受けの申込みをした事業者又は当該事業者に係る当該申込みをした金融機関等 当該事業者
六 特定信託引受対象事業者又は特定信託引受対象事業者に係る特定信託引受けの申込みをした金融機関等 特定信託引受対象事業者
七 特定出資の申込みをした金融機関等 貸付債権移転対象事業者
八 特定事業再生支援会社又は特定事業再生支援会社の株主である金融機関等 貸付債権移転対象事業者
九 特定組合出資の申込みをした特定組合の無限責任組合員 当該申込みに係る特定組合
十 対象特定組合の無限責任組合員 対象特定組合
2 前項の規定により資料の提出を求められた者は、遅滞なく、これを機構に提出しなければならない。
3 国、地方公共団体又は日本銀行は、機構がその業務を行うために特に必要があると認めて要請をしたときは、機構に対し、必要な資料を交付し、又はこれを閲覧させることができる。

第5章 財務及び会計
（予算の認可）
第39条 機構は、毎事業年度の開始前に、当該事業年度の予算を主務大臣に提出して、その認可を受けなければならない。これを変更しようとするときも、同様とする。

（剰余金の配当の特例）
第40条 機構は、各事業年度において、企業一般の配当の動向その他の経済事情及び機構の行う業務の公共性を考慮して政令で定める割合を超えて、機構が発行している株式に対し、剰余金の配当を行わないものとする。

（国庫納付金）
第40条の2 機構は、剰余金の額の全部又は一部に相当する金額を国庫に納付することができる。この場合においては、当該国庫に納付する金額に相当する額を、剰余金の額から減額するものとする。
2 前項の場合においては、株主総会の決議によって、次に掲げる事項を定めなければならない。
一 減少する剰余金の額
二 剰余金の額の減少がその効力を生ずる日
3 第1項の規定により納付する金額は、前項第2号の日における分配可能額（会社法第461条第2項に規定する分配可能額をいう。）を超えてはならない。
4 第1項の規定による納付金に関し、納付の手続その他の必要な事項は、政令で定める。

（剰余金の配当等の決議）
第41条 機構の剰余金の配当その他の剰余金の処分の決議は、主務大臣の認可を受けなければ、その効力を生じない。

（財務諸表）
第42条 機構は、毎事業年度終了後3月以内に、その事業年度の貸借対照表、損益計算書及び事業報告書を主務大臣に提出して、その承認を受けなければならない。

（借入金及び社債）
第43条 機構は、日本銀行、金融機関その他の者から資金の借入れをし、又は社債の発行をしようとするときは、主務大臣の認可を受けなければならない。この場合において、日本銀行からの資金の借入れは、日本銀行以外の者からの資金の借入れ又は機構の社債の発行を行う場合における一時的な資金繰りのために必要があると認めるときに限り、行うものとする。

2　機構の借入金の現在額及び社債の元本に係る債務の現在額の合計額は、政令で定める金額を超えることとなってはならない。

3　日本銀行は、日本銀行法（平成9年法律第89号）第43条第1項本文の規定にかかわらず、機構に対し、第1項の資金の貸付けをすることができる。

4　農林中央金庫は、農林中央金庫法（平成13年法律第93号）第54条第3項の規定にかかわらず、機構に対し、同項の規定による農林水産大臣及び内閣総理大臣の認可を受けないで、第1項の資金の貸付けをすることができる。

（政府保証）
第44条 政府は、法人に対する政府の財政援助の制限に関する法律（昭和21年法律第24号）第3条の規定にかかわらず、国会の議決を経た金額の範囲内において、機構の前条第1項の借入れ又は社債に係る債務について、保証契約をすることができる。

第6章　監　督

（監督）
第45条 機構は、主務大臣がこの法律の定めるところに従い監督する。

2　主務大臣は、この法律を施行するために必要があると認めるときは、機構に対し、その業務に関し監督上必要な命令をすることができる。

（報告及び検査）
第46条 主務大臣は、この法律を施行するために必要があると認めるときは、機構からその業務に関し報告をさせ、又はその職員に、機構の営業所、事務所その他の事業場に立ち入り、帳簿、書類その他の物件を検査させることができる。

2　前項の規定により立入検査をする職員は、その身分を示す証明書を携帯し、関係人にこれを提示しなければならない。

3　第1項の規定による立入検査の権限は、犯罪捜査のために認められたものと解してはならない。

第7章　解　散　等

（機構の解散）
第47条 機構は、第22条第1項各号に掲げる業務の完了により解散する。

（合併、分割又は解散の決議）
第48条 機構の合併、分割又は解散の決議は、主務大臣の認可を受けなければ、その効力を生じない。

（残余財産の分配の特例）
第49条 機構が解散した場合において、株主に分配することができる残余財産の額は、株式の払込金額の総額に機構の行う業務の公共性を考慮して政令で定める割合を乗じて得た金額を限度とする。

2　残余財産の額が前項の規定により株主に分配することができる金額を超えるときは、その超える部分の額に相当する残余財産は、会社法第504条の規定にかかわらず、国庫に帰属する。

（政府の補助）
第50条 政府は、機構が解散する場合において、その財産をもって債務を完済することができないときは、予算で定める金額の範囲内において、機構に対し、当該債務を完済するために要する費用の全部又は一部に相当する金額を補助することができる。

第8章　預金保険機構の業務の特例等

（預金保険機構の業務の特例）
第51条 預金保険機構は、預金保険法第34条各号に掲げる業務のほか、次に掲げる業務を行う。
一　機構の設立の発起人となり、及び機構に対し出資を行うこと。
二　前号に掲げる業務に附帯する業務を行うこと。

2　預金保険機構は、前項第1号の規定による出資を行おうとするときは、運営委員会（預金保険法第14条に規定する運営委員会をいう。第55条及び第56条第2項において同じ。）の議決を経て出資する金額を定め、内閣総理大臣及び財務大臣の認可を受けなければならない。

（区分経理）
第52条 預金保険機構は、前条第1項各号に掲げる業務に係る経理については、その他の経理と区分し、特別の勘定（第56条において「地域経済活性化支援勘定」という。）を設けて整理しなければならない。

（政府の出資）
第53条 政府は、預金保険法第5条の規定により預金保険機構に出資しているもののほか、預金保険機構が第51条第1項各号に掲げる業務を行うために必要があると認めるときは、予算で定

める金額の範囲内において、預金保険機構に出資することができる。
2 預金保険機構は、前項の規定による政府の出資があったときは、その出資額により資本金を増加するものとする。
（拠出金）
第54条 預金保険機構は、第51条第1項各号に掲げる業務を行うために必要な資金の財源に充てるため、金融機関その他の者から拠出金の拠出を受けることができる。
（配当に相当する額の分配）
第55条 預金保険機構は、機構から剰余金の配当を受けたときは、運営委員会の議決を経て、当該配当に相当する額を、政府及び前条の規定により拠出金を拠出した者に対し、第53条第1項の規定による出資額及び拠出金の額に応じて分配するものとする。
（地域経済活性化支援勘定の廃止）
第56条 預金保険機構は、機構の解散の日以後の政令で定める日において、地域経済活性化支援勘定を廃止するものとする。
2 預金保険機構は、前項の規定により地域経済活性化支援勘定を廃止した場合において、その債務を弁済してなお残余財産があるときは、運営委員会の議決を経て、当該残余財産の額を、政府及び第54条の規定により拠出金を拠出した者に対し、第53条第1項の規定による出資額及び拠出金の額に応じて分配するものとする。
3 預金保険機構は、第1項の規定により地域経済活性化支援勘定を廃止したときは、預金保険機構の資本金のうち政府の出資に係るものにつき、第53条第1項の規定による出資額により資本金を減少するものとする。
（預金保険法の特例）
第57条 第51条第1項の規定により預金保険機構が同項各号に掲げる業務を行う場合における預金保険法の適用については、同法第15条第5号中「事項」とあるのは「事項（株式会社地域経済活性化支援機構法（平成21年法律第63号。以下「機構法」という。）の規定による機構の業務に係るものを除く。）」と、同法第37条第1項中「業務」とあるのは「業務（機構法第51条第1項各号に掲げる業務を除く。）」と、同法第44条、第45条第2項、第46条第1項及び第151条第1項第1号中「この法律」とあるのは「この法律又は機構法」と、同法第51条第2項中「業務（第40条の2第2号に掲げる業務を除く。）」とあるのは「業務（第40条の2第2号に掲げる業務及び機構法第51条第1項各号に掲げる業務を除く。）」と、同法第147条第1項中

「第46条第1項」とあるのは「第46条第1項（機構法第57条の規定により読み替えて適用する場合を含む。以下この号において同じ。）」と、同法第152条第3号中「第34条に規定する業務」とあるのは「第34条に規定する業務及び機構法第51条第1項各号に掲げる業務」と、同条第7号中「第45条第2項」とあるのは「第45条第2項（機構法第57条の規定により読み替えて適用する場合を含む。）」とする。

第9章 雑　則
（主務大臣）
第58条 この法律における主務大臣は、内閣総理大臣、総務大臣、財務大臣及び経済産業大臣とする。ただし、第24条、第25条第1項第1号、第7項及び第8項、第28条第4項、第31条第2項、第32条の2第6項及び第7項、第32条の5第4項、第32条の9第5項及び第6項、第33条第1項（再生支援対象事業者、特定支援対象事業者及び特定信託引受対象事業者に係る部分に限る。）、第45条並びに第46条第1項に規定する主務大臣は、内閣総理大臣、総務大臣、財務大臣、厚生労働大臣及び経済産業大臣とする。
2 第46条第1項に規定する主務大臣の権限は、前項ただし書の規定にかかわらず、内閣総理大臣、総務大臣、財務大臣、厚生労働大臣又は経済産業大臣がそれぞれ単独に行使することを妨げない。
3 この法律における主務省令は、内閣府令・総務省令・財務省令・経済産業省令とする。
（権限の委任）
第59条 内閣総理大臣は、前章の規定による権限を金融庁長官に委任する。
（課税の特例）
第60条 機構が第22条第1項第1号に掲げる債権の買取りの業務、同項第2号イに掲げる資金の貸付けの業務又は特定債権買取りの業務に伴い不動産に関する権利その他政令で定める権利（以下この条において「不動産権利等」という。）の取得をした場合には、当該不動産権利等の移転の登記又は登録については、財務省令で定めるところにより当該取得後1年以内に登記又は登録を受けるものに限り、登録免許税を課さない。
（産業競争力強化法との関係）
第61条 機構は、再生支援をするに当たっては、必要に応じ、再生支援対象事業者に対し、産業競争力強化法第24条第1項の事業再編計画の認定、同法第26条第1項の特定事業再編計画の認定又は同法第121条第1項の中小企業承継事業再生計画の認定の申請を促すこと等により、同

法により講じられる施策と相まって、効果的にこれを行うように努めなければならない。
2　独立行政法人中小企業基盤整備機構は産業競争力強化法第133条第2号（同法第127条第2項第1号に係る部分に限る。）の規定により、認定支援機関は同項第1号の規定により、中小企業者に対し指導又は助言を行うに際し、機構による再生支援を受けることが当該中小企業者の事業の再生を行うために有効であると認めるときは、その旨を明らかにした書面を当該中小企業者に交付して、機構に対して再生支援の申込みをすることを促すことができる。

（金融庁又は日本銀行に対する協力要請）
第62条　機構は、債権の買取りに際しての適正な時価の算定のためその他必要があると認めるときは、金融庁又は日本銀行に対し、技術的助言その他の協力を求めることができる。

（預金保険機構等との協力等）
第63条　機構は、その業務の実施に当たっては、預金保険機構、特定協定銀行（金融機能の再生のための緊急措置に関する法律（平成10年法律第132号）第53条第1項第2号に規定する特定協定銀行をいう。）、特定認証紛争解決事業者（産業競争力強化法第2条第15項に規定する特定認証紛争解決事業者をいう。）、独立行政法人中小企業基盤整備機構及び認定支援機関との協力体制の充実を図りつつ、適正かつ効率的に行うように努めなければならない。

（金融機関等との連携）
第64条　機構及び金融機関等は、事業者の事業の再生又は地域経済の活性化に資する事業活動を支援するに当たっては、相互の協力による総合的な経済力の向上を通じた地域経済の活性化及び地域における金融の円滑化に資するよう、相互の連携に努めなければならない。

（政策金融機関等の協力等）
第65条　第2条第5号に掲げる法人（次項において「政策金融機関等」という。）は、機構が第26条第1項に規定する買取申込み等又は第32条の3第1項に規定する買取申込み等をするよう求めた場合において、これらに伴う負担が合理的かつ妥当なものであるときは、これに応じるように努め、これらの買取申込み等が第26条第1項第2号に掲げる同意又は第32条の3第1項第2号に掲げる同意をする旨のものであった場合には、これらの同意に係る事業再生計画又は弁済計画に従って再生支援対象事業者又は特定支援対象事業者及びその代表者等の債務の免除その他の必要な協力をしなければならない。

2　政策金融機関等を所管する大臣及び財務大臣は、当該政策金融機関等が再生支援対象事業者若しくは特定支援対象事業者に係る債権を機構に譲渡し、又は事業再生計画若しくは弁済計画に従って再生支援対象事業者若しくは特定支援対象事業者及びその代表者等の債務を免除した場合における決算に関する書類の承認をするかどうかの判断その他政策金融機関等に対する法令に基づく権限の行使（財務大臣にあっては、政策金融機関等を所管する大臣との協議における判断を含む。）に当たっては、再生支援対象事業者の事業の再生又は特定支援対象事業者及びその代表者等の債務の整理を通じて地域経済の活性化を図り、併せて地域の信用秩序の基盤強化にも資するようにするとのこの法律の趣旨を尊重しなければならない。

（融資等業務実施法人の協力等）
第66条　一般社団法人又は一般財団法人のうち、法令に基づく融資等業務（資金の貸付け、債務の保証若しくは土地の取得、管理及び譲渡を行う業務又はこれに準ずる業務をいう。以下この条において同じ。）を行うもの又は国の補助金等（補助金等に係る予算の執行の適正化に関する法律（昭和30年法律第179号）第2条第1項に規定する補助金等をいう。）の交付を受けて融資等業務を行うものとして主務省令で定める者（次項において「融資等業務実施法人」という。）は、機構が事業再生計画又は弁済計画に従って再生支援対象事業者又は特定支援対象事業者及びその代表者等の債務の免除その他の必要な協力を求めた場合において、当該協力に伴う負担が合理的かつ妥当なものであるときは、これに応じるように努めなければならない。

2　前項の融資等業務を行う根拠となる法律又はこれに基づく命令を所管する大臣及び同項の補助金等を所掌する財政法（昭和22年法律第34号）第20条第2項に規定する各省各庁の長（以下この項において「法令所管大臣等」という。）並びに財務大臣は、融資等業務実施法人が再生支援対象事業者又は特定支援対象事業者及びその代表者等の債務を免除する場合における当該融資等業務実施法人に対する法令に基づく権限の行使（財務大臣にあっては、法令所管大臣等との協議における判断を含む。）に当たっては、再生支援対象事業者の事業の再生又は特定支援対象事業者及びその代表者等の債務の整理を通じて地域経済の活性化を図り、併せて地域の信用秩序の基盤強化にも資するようにするとのこの法律の趣旨を尊重しなければならない。

（国、地方公共団体、機構等の連携及び協力）
第67条　国、地方公共団体、機構その他の関係者は、事業再生計画に基づく再生支援対象事業者の事業の再生を円滑に推進するために協力が必要であると認めるときは、相互に連携を図りながら協力するように努めなければならない。
2　国、地方公共団体、機構その他の関係者は、地域再生法（平成17年法律第24号）第7条第1項に規定する認定地域再生計画、都市再生特別措置法（平成14年法律第22号）第46条第1項に規定する都市再生整備計画又は中心市街地の活性化に関する法律（平成10年法律第92号）第9条第14項に規定する認定基本計画その他の地域の活性化に関する施策の重点的、効果的かつ効率的な推進に当たっては、地域における総合的な経済力の向上を通じて地域経済の活性化を図る観点から、相互に連携を図るように努めなければならない。

　　　　第10章　罰　　則
第68条　機構の取締役、会計参与（会計参与が法人であるときは、その職務を行うべき社員）、監査役又は職員が、その職務に関して、賄賂を収受し、又はその要求若しくは約束をしたときは、3年以下の懲役に処する。これによって不正の行為をし、又は相当の行為をしなかったときは、5年以下の懲役に処する。
2　前項の場合において、犯人が収受した賄賂は、没収する。その全部又は一部を没収することができないときは、その価額を追徴する。
第69条　前条第1項の賄賂を供与し、又はその申込み若しくは約束をした者は、3年以下の懲役又は100万円以下の罰金に処する。
2　前項の罪を犯した者が自首したときは、その刑を減軽し、又は免除することができる。
第70条　第68条第1項の罪は、日本国外において同項の罪を犯した者にも適用する。
2　前条第1項の罪は、刑法（明治40年法律第45号）第2条の例に従う。
第71条　機構の取締役、会計参与（会計参与が法人であるときは、その職務を行うべき社員）、監査役若しくは職員又はこれらの職にあった者が、第14条の規定に違反してその職務上知ることのできた秘密を漏らし、又は盗用したときは、1年以下の懲役又は50万円以下の罰金に処する。
第72条　第46条第1項の規定による報告をせず、若しくは虚偽の報告をし、又は同項の規定による検査を拒み、妨げ、若しくは忌避した場合には、その違反行為をした機構の取締役、会計参与（会計参与が法人であるときは、その職務を行うべき社員）、監査役又は職員は、50万円以下の罰金に処する。
第73条　次の各号のいずれかに該当する場合には、その違反行為をした機構の取締役、会計参与若しくはその職務を行うべき社員又は監査役は、100万円以下の過料に処する。
一　第4条第2項の規定に違反して、募集株式を引き受ける者の募集をしたとき。
二　第20条第1項又は第4項の規定に違反して、登記することを怠ったとき。
三　第22条第2項の規定に違反して、業務を行ったとき。
四　第25条第7項、第28条第4項、第31条第2項又は第33条第1項の規定に違反して、主務大臣に通知しなかったとき。
五　第39条の規定に違反して、予算の認可を受けなかったとき。
六　第42条の規定に違反して、貸借対照表、損益計算書又は事業報告書の承認を受けなかったとき。
七　第43条第1項の規定に違反して、資金を借り入れ、又は社債を発行したとき。
八　第45条第2項の規定による命令に違反したとき。
第74条　第5条第2項の規定に違反して、その名称中に地域経済活性化支援機構という文字を用いた者は、10万円以下の過料に処する。
　　　附　則　抄
（施行期日）
第1条　この法律は、公布の日から起算して4月を超えない範囲内において政令で定める日から施行する。ただし、次の各号に掲げる規定は、当該各号に定める日から施行する。
一　第5条第1項、第2章、第13条、第21条、第24条、第8章、第58条及び第59条並びに附則第7条及び第9条の規定公布の日
二　附則第8条の規定我が国における産業活動の革新等を図るための産業活力再生特別措置法等の一部を改正する法律（平成21年法律第29号）の施行の日又はこの法律の公布の日のいずれか遅い日
（検討）
第2条　政府は、この法律の施行後5年以内に、この法律の施行の状況について検討を加え、その結果に基づいて必要な措置を講ずるものとする。
（経過措置）
第3条　この法律の施行の際現にその名称中に企業再生支援機構という文字を使用している者については、第5条第2項の規定は、この法律の

施行後6月間は、適用しない。
第4条　機構の成立の日の属する事業年度の機構の予算については、第39条中「毎事業年度の開始前に」とあるのは、「その成立後遅滞なく」とする。

　　　附　則（平成24年3月31日法律第20号）
1　この法律は、公布の日から施行する。ただし、第25条第1項の改正規定は、公布の日から起算して2月を超えない範囲内において政令で定める日から施行する。
　（経過措置）
2　この法律による改正後の株式会社企業再生支援機構法（以下「新法」という。）第25条第1項の規定は、前項ただし書の政令で定める日以後に新法第25条第1項の規定による再生支援の申込みをする事業者について適用し、同日前にこの法律による改正前の株式会社企業再生支援機構法（以下「旧法」という。）第25条第1項の規定による再生支援の申込みをした事業者については、なお従前の例による。
3　旧法第25条第10項ただし書の認可を受けた事業者については、新法第25条第10項ただし書の認可を受けていないものとみなして、同項及び新法第33条第2項の規定を適用する。

　　　附　則（平成25年法律第2号）抄
（施行期日）
第1条　この法律は、平成25年3月31日までの間において政令で定める日から施行する。ただし、第24条第1項の改正規定及び同条第2項の改正規定（「支援基準」の下に「（同項第3号から第5号までに掲げる業務に係るものを除く。）」を加える部分に限る。）並びに次条第1項の規定は、公布の日から施行する。
（経過措置）
第2条　株式会社企業再生支援機構は、次に定めるところにより、定款の変更をするものとする。
　一　その目的をこの法律による改正後の株式会社地域経済活性化支援機構法（以下「新法」という。）の規定に適合するものとすること。
　二　その商号を株式会社地域経済活性化支援機構とすること。
　三　この法律の施行の日（以下「施行日」という。）を当該定款の変更の効力が発生する日とすること。
2　この法律の施行の際現にその名称中に地域経済活性化支援機構という文字を使用している者については、新法第5条第2項の規定は、この法律の施行後6月間は、適用しない。
3　施行日前にこの法律による改正前の株式会社企業再生支援機構法（以下「旧法」という。）第25条第1項の申込みをした事業者（この法律の施行の際現に対象事業者（旧法第22条第1項第1号に規定する対象事業者をいう。）である者（以下「施行時対象事業者」という。）を除く。）については、新法第25条第1項の申込みをしたものとみなして、新法の規定を適用し、施行時対象事業者に対する事業の再生の支援（当該支援に係る債権又は株式若しくは持分の処分を含む。）については、なお従前の例による。この場合において、従前の企業再生支援委員会が行うべき決定は、地域経済活性化支援委員会が行うものとする。
4　旧法第25条第10項ただし書の認可を受けた事業者については、新法第25条第8項ただし書の認可を受けていないものとみなして、同項及び新法第33条第2項の規定を適用する。
5　施行日前にした行為及び第3項の規定によりなお従前の例によることとされる場合における施行日以後にした行為に対する罰則の適用については、なお従前の例による。
6　前各項に規定するもののほか、この法律の施行に関し必要な経過措置は、政令で定める。
（検討）
第3条　政府は、この法律の施行後5年以内に、この法律の施行の状況について検討を加え、その結果に基づいて必要な措置を講ずるものとする。

　　　附　則（平成26年法律第37号）
（施行期日）
第1条　この法律は、公布の日から起算して6月を超えない範囲内において政令で定める日から施行する。ただし、第24条第1項及び第2項の改正規定は、公布の日から施行する。
（経過措置）
第2条　この法律による改正後の株式会社地域経済活性化支援機構法（以下この項において「新法」という。）第22条第1項第4号及び第32条の9第1項の規定は、この法律の施行の日（以下この条において「施行日」という。）以後に新法第32条の9第1項の規定による特定信託引受けの申込みをする事業者について適用し、施行日前にこの法律による改正前の株式会社地域経済活性化支援機構法第32条の2第1項の規定による特定信託引受けの申込みをした事業者については、なお従前の例による。
2　施行日前にした行為及び前項の規定によりなお従前の例によることとされる場合における施行日以後にした行為に対する罰則の適用については、なお従前の例による。

3 前2項に規定するもののほか、この法律の施行に関し必要な経過措置は、政令で定める。
(検討)
第3条 政府は、この法律の施行後3年以内に、この法律の施行の状況について検討を加え、その結果に基づいて必要な措置を講ずるものとする。

株式会社地域経済活性化支援機構法施行令

内閣は、株式会社企業再生支援機構法（平成21年法律第63号）第25条第1項第2号及び第3号並びに第43条第2項並びに中小企業信用保険法（昭和25年法律第264号）第3条第5項の規定に基づき、この政令を制定する。

（大規模な事業者等）
第1条　株式会社地域経済活性化支援機構法（平成21年法律第63号。以下「法」という。）第25条第1項第1号に規定する政令で定める事業者は、資本金の額又は出資の総額が5億円を超え、かつ、常時使用する従業員の数が千人を超える事業者とする。

2　法第25条第1項第3号に規定する政令で定める法人は、株式会社であって、その発行している株式（株主総会において決議をすることができる事項の全部について議決権を行使することができないものと定められた種類の株式を除く。以下この項及び第4項第2号において同じ。）の総数の4分の1以上の数の株式を国又は地方公共団体が保有していないものとする。

3　法第25条第1項第4号に規定する政令で定める割合は、2分の1とする。

4　法第25条第1項第4号に規定する政令で定める法人は、次に掲げるものとする。
一　再生支援決定の日前の直近に終了した事業年度（災害その他やむを得ない理由により再生支援決定の日までに当該法人の決算が確定しない場合には、当該事業年度の前事業年度）の決算において、当該法人の収入金額の総額に占める当該法人が国又は地方公共団体から受けた補助金、委託費その他これらに類する給付金の総額の割合が主務省令で定める割合以上であるもの
二　株式会社であって、その発行している株式の総数の4分の1以上の数の株式を国及び1若しくは2以上の国の子法人等又は地方公共団体及び1若しくは2以上の当該地方公共団体の子法人等が保有するもの
三　株式会社以外の法人であって、その出資口数の総数又は出資価額の総額の4分の1以上の数又は額の出資を国及び1若しくは2以上の国の子法人等又は地方公共団体及び1若しくは2以上の当該地方公共団体の子法人等が有するもの

5　前項に規定する「子法人等」とは、国又は地方公共団体がその財務及び事業の方針の決定を支配している会社、組合その他これらに準ずる事業体として主務省令で定めるものをいう。

（納付の手続）
第2条　法第40条の2第1項の規定による納付金は、一般会計に帰属させるものとする。

（株式会社地域経済活性化支援機構の借入金及び社債発行の限度額）
第3条　法第43条第2項に規定する政令で定める金額は、1兆円とする。

（課税の特例に係る権利）
第4条　法第60条に規定する政令で定める権利は、次に掲げる財団に関する権利とする。
一　鉄道財団
二　工場財団
三　道路交通事業財団
四　観光施設財団

（中小企業信用保険法の適用）
第5条　株式会社地域経済活性化支援機構が法第22条第1項第1号、第3号又は第4号に掲げる業務を行う場合には、同機構を中小企業信用保険法第3条第5項に規定する政令で定める者とする。

（主務省令）
第6条　この政令における主務省令は、内閣府令・総務省令・財務省令・経済産業省令とする。

附　則
この政令は、法の施行の日（平成21年9月28日）から施行する。

　　　附則（平成22年4月1日政令第97号）
この政令は、公布の日から施行する。

　　　附則（平成24年4月6日政令第127号）
この政令は、公布の日から施行する。

　　　附則（平成24年5月11日政令第141号）
この政令は、株式会社企業再生支援機構法の一部を改正する法律附則第1項ただし書に規定する規定の施行の日（平成24年5月14日）から施行する。

　　　附則（平成24年3月15日政令第65号）
（施行期日）
1　この政令は、株式会社企業再生支援機構法の一部を改正する法律の施行の日（平成25年3月18日）から施行する。
2　第3条（第8号及び第9号に係る部分に限る。）の規定の施行前にした行為に対する罰則の適用については、なお従前の例による。

附則（平成26年10月10日政令第332号）

この政令は、株式会社地域経済活性化支援機構法の一部を改正する法律の施行の日（平成26年10月14日）から施行する。

株式会社地域経済活性化支援機構法施行規則

(定義)
第1条 この命令において「債務の株式化等」とは、株式会社地域経済活性化支援機構(以下「機構」という。)が、再生支援対象事業者に対して有する債権を現物出資することにより、再生支援対象事業者が機構に対して発行する株式その他の持分を取得することをいう。
2 この命令において「財務及び事業の方針の決定を支配している場合」とは、次の各号に掲げる場合(財務上又は事業上の関係からみて会社、組合その他これらに準ずる事業体(外国におけるこれらに相当するものを含む。以下「法人等」という。)の財務及び事業の方針の決定を支配していないことが明らかであると認められる場合を除く。)をいう。
一 法人等(次に掲げる法人等であって、有効な支配従属関係が存在しないと認められるものを除く。次号及び第3号において同じ。)の議決権の総数に対する自己の計算において所有している議決権の数の割合が100分の50を超えている場合
　イ 民事再生法(平成11年法律第225号)の規定による再生手続開始の決定を受けた法人等
　ロ 会社更生法(平成14年法律第154号)の規定による更生手続開始の決定を受けた株式会社
　ハ 破産法(平成16年法律第75号)の規定による破産手続開始の決定を受けた法人等
　ニ その他イからハまでに掲げる法人等に準ずる法人等
二 法人等の議決権の総数に対する自己の計算において所有している議決権の数の割合が100分の40以上である場合(前号に掲げる場合を除く。)であって、次に掲げるいずれかの要件に該当する場合
　イ 法人等の議決権の総数に対する自己所有等議決権数(次に掲げる議決権の数の合計数をいう。次号において同じ。)の割合が100分の50を超えていること。
　　(1) 自己の計算において所有している議決権
　　(2) 自己と出資、人事、資金、技術、取引等において緊密な関係があることにより自己の意思と同一の内容の議決権を行使すると認められる者が所有している議決権
　　(3) 自己の意思と同一の内容の議決権を行使することに同意している者が所有している議決権
　ロ 法人等の取締役会その他これに準ずる機関の構成員の総数に対する次に掲げる者(当該法人等の財務及び事業の方針の決定に関して影響を与えることができるものに限る。)の数の割合が100分の50を超えていること。
　　(1) 自己の役員
　　(2) 自己の業務を執行する社員
　　(3) 自己の使用人
　　(4) (1)から(3)までに掲げる者であった者
　　(5) 自己から派遣された次に掲げる者
　　　(i) 任命権者又はその委任を受けた者の要請に応じ、引き続いて国家公務員法(昭和22年法律第120号)第106条の2第3項に規定する退職手当通算法人の役員又は退職手当通算法人に使用される者となるため退職し、当該退職手当通算法人に在職している者であって、当該退職手当通算法人に在職した後、特別の事情がない限り引き続いて選考による採用が予定されている者のうち、退職手当通算法人の役員又は退職手当通算法人に使用される者となるため退職する時に国家公務員退職手当法(昭和28年法律第182号)の規定による退職手当の支給を受けないこととされている者
　　　(ii) 公益的法人等への一般職の地方公務員の派遣等に関する法律(平成12年法律第50号)第3条第2項に規定する派遣職員及び同法第10条第2項に規定する退職派遣者
　ハ 自己が法人等の重要な財務及び事業の方針の決定を支配する契約等が存在すること。
　ニ 法人等の資金調達額(貸借対照表の負債の部に計上されているものに限る。)の総額に対する自己が行う融資(債務の保証及び担保の提供を含む。ニにおいて同じ。)の額(自己と出資、人事、資金、技術、取引等において緊密な関係のある者が行う融資の額を含む。)の割合が100分の50を超え

ていること。
　　ホ　その他自己が法人等の財務及び事業の方針の決定を支配していることが推測される事実が存在すること。
3　前2項に定めるもののほか、この命令において使用する用語は、株式会社地域経済活性化支援機構法（平成21年法律第63号。以下「法」という。）において使用する用語の例による。

（政策金融機関、預金保険機構及び信用保証協会に準ずる特殊法人等）
第2条　法第2条第5号に規定する主務省令で定める特殊法人等は、政策金融機関（株式会社日本政策金融公庫、株式会社国際協力銀行及び沖縄振興開発金融公庫をいう。）、預金保険機構及び信用保証協会のほか、次に掲げる法人とする。
　一　日本私立学校振興・共済事業団
　二　株式会社商工組合中央金庫
　三　株式会社日本政策投資銀行
　四　漁業信用基金協会
　五　農業信用基金協会
　六　農水産業協同組合貯金保険機構
　七　保険契約者保護機構
　八　独立行政法人奄美群島振興開発基金
　九　独立行政法人勤労者退職金共済機構
　十　独立行政法人情報処理推進機構
　十一　独立行政法人情報通信研究機構
　十二　独立行政法人農業・食品産業技術総合研究機構
　十三　独立行政法人森林総合研究所
　十四　独立行政法人石油天然ガス・金属鉱物資源機構
　十五　独立行政法人農畜産業振興機構
　十六　独立行政法人農業者年金基金
　十七　独立行政法人農林漁業信用基金
　十八　独立行政法人北方領土問題対策協会
　十九　独立行政法人国際協力機構
　二十　独立行政法人新エネルギー・産業技術総合開発機構
　二十一　独立行政法人中小企業基盤整備機構
　二十二　独立行政法人科学技術振興機構
　二十三　独立行政法人福祉医療機構
　二十四　独立行政法人労働者健康福祉機構
　二十五　独立行政法人鉄道建設・運輸施設整備支援機構
　二十六　独立行政法人環境再生保全機構
　二十七　独立行政法人都市再生機構
　二十八　独立行政法人医薬基盤研究所
　二十九　独立行政法人住宅金融支援機構

（金銭の貸付けその他金融に関する業務を行う事業者）
第3条　法第2条第6号に規定する金銭の貸付けその他金融に関する業務を行う事業者で主務省令で定めるものは、次に掲げる者とする。
　一　銀行法（昭和56年法律第59号）第4条第1項の免許を受けた同法第47条第1項に規定する外国銀行
　二　信託業法（平成16年法律第154号）第2条第2項に規定する信託会社及び同条第6項に規定する外国信託会社
　三　保険業法（平成7年法律第105号）第2条第7項に規定する外国保険会社等及び同法第223条第1項に規定する免許特定法人
　四　金融商品取引法（昭和23年法律第25号）第2条第9項に規定する金融商品取引業者（同法第28条第1項に規定する第一種金融商品取引業を行う者に限る。）
　五　債権管理回収業に関する特別措置法（平成10年法律第126号）第2条第3項に規定する債権回収会社
　六　割賦販売法（昭和36年法律第159号）第3条第1項に規定する割賦販売業者、同法第29条の2第1項に規定するローン提携販売業者、同法第30条第1項に規定する包括信用購入あつせん業者及び同法第35条の3の2第1項に規定する個別信用購入あつせん業者
　七　リース契約（次に掲げる要件を全て満たす契約をいう。第8条の2第2号において同じ。）により資産を使用させることを業とする者
　　イ　資産を使用させる期間（以下この号において「使用期間」という。）の開始の日（以下この号において「使用開始日」という。）以後又は使用開始日から一定期間を経過した後当事者の一方又は双方がいつでも解約の申入れをすることができる旨の定めがないこと。
　　ロ　使用期間において、資産の取得価額から使用期間が満了した後における当該資産の見積残存価額を控除した額並びに利子、固定資産税、保険料及び手数料の額を対価として受領することを内容とするものであること。
　　ハ　使用期間が満了した後、資産の所有権その他の権利が相手方に移転する旨の定めがないこと。
　八　再生支援対象事業者（再生支援対象事業者になろうとする者を含む。以下この条において同じ。）の財務及び事業の方針の決定を支

配している場合において当該再生支援対象事業者に対する金銭の貸付け（手形の割引、売渡担保その他これらに類する方法によってする金銭の交付及び社債の引受けを含む。以下同じ。）を行うもの
九　一般社団法人又は一般財団法人で再生支援対象事業者に対する融資等業務を行うもの
十　地方公共団体で再生支援対象事業者に対する金銭の貸付けを行うもの
十一　農業協同組合法（昭和22年法律第132号）第10条第1項第10号の事業を行う農業協同組合連合会
十二　酒税の保全及び酒類業組合等に関する法律（昭和28年法律第7号）第80条第1項の規定により組織された酒造組合中央会で清酒及び単式蒸留しようちゆうに係るもの
十三　中小企業等協同組合法（昭和24年法律第181号）第3条第1号に掲げる事業協同組合、同条第1号の2に掲げる事業協同小組合及び同条第3号に掲げる協同組合連合会（同法第9条の9第1項第1号の事業を行なわないものに限る。）
十四　中小企業団体の組織に関する法律（昭和32年法律第185号）第3条第1項第8号に掲げる商工組合及び同項第9号に掲げる商工組合連合会
十五　商店街振興組合法（昭和37年法律第141号）第5条第1項に規定する商店街振興組合及び商店街振興組合連合会
十六　中小企業投資育成株式会社
十七　輸出入取引法（昭和27年法律第299号）第8条に規定する輸出組合
十八　次に掲げる投資事業（再生支援対象事業者に対し債権を有することとなるものに限る。以下この号において同じ。）に関する組合等
　イ　民法（明治29年法律第89号）第667条第1項に規定する組合契約で投資事業を営むことを約するものによって成立する組合
　ロ　投資事業有限責任組合契約に関する法律（平成10年法律第90号）第2条第2項に規定する投資事業有限責任組合
　ハ　外国に所在するイ又はロに掲げる組合に類似する団体
　ニ　商法（明治32年法律第48号）第535条に規定する匿名組合契約に基づく出資を受けて投資事業を営む者
十九　資産の流動化に関する法律（平成10年法律第105号）第2条第3項に規定する特定目的会社及び事業内容の変更が制限されている

これと同様の事業を営む事業体（以下「特別目的会社」という。）
二十　投資信託及び投資法人に関する法律（昭和26年法律第198号）第2条第12項に規定する投資法人

（議事録）
第4条　法第18条第8項の規定による議事録の作成については、この条の定めるところによる。
2　議事録は、書面又は電磁的記録をもって作成しなければならない。
3　議事録は、次に掲げる事項を内容とするものでなければならない。
　一　企業再生支援委員会（以下「委員会」という。）が開催された日時及び場所（当該場所に存しない委員又は監査役が委員会に出席をした場合における当該出席の方法を含む。）
　二　委員会の議事の経過の要領及びその結果
　三　決議を要する事項について特別の利害関係を有する委員があるときは、当該委員の氏名
　四　法第18条第6項の規定により委員会において述べられた意見があるときは、その意見の内容の概要
　五　委員会の議長が存するときは、議長の氏名

（電磁的記録）
第5条　法第18条第9項に規定する主務省令で定めるものは、機構の使用に係る電子計算機に備えられたファイル又は磁気ディスクその他これらに準ずる方法により一定の情報を確実に記録しておくことができる物をもって調製するファイルに情報を記録したものとする。

（署名又は記名押印に代わる措置）
第6条　法第18条第9項に規定する主務省令で定める署名又は記名押印に代わる措置は、電子署名（電子署名及び認証業務に関する法律（平成12年法律第102号）第2条第1項の電子署名をいう。）とする。

（電磁的記録に記録された情報の内容を表示する方法）
第7条　法第19条第2項第2号に規定する主務省令で定める方法は、当該電磁的記録に記録された情報の内容を紙面又は出力装置の映像面に表示する方法とする。

（書面をもって作られた議事録の備置き及び閲覧等における特例）
第8条　法第18条第8項に規定する議事録が書面をもって作られているときは、機構は、その書面に記載されている事項をスキャナ（これに準ずる画像読取装置を含む。）により読み取ってできた電磁的記録を、機構の使用に係る電子計算機に備えられたファイル又は磁気ディスクそ

の他これらに準ずる方法により一定の情報を確実に記録しておくことができる物をもって調製するファイルにより備え置くことができる。
2 機構は、前項の規定により備え置かれた電磁的記録に記録された情報の内容を紙面又は出力装置の映像面に表示したものを機構の本店において閲覧又は謄写に供することができる。

（貸付債権に準ずる債権）
第8条の2　法第22条第1項第1号に規定する主務省令で定めるものは、次に掲げる債権とする。
　一　求償権（法第2条第5号に掲げる者が有するものに限る。）
　二　リース契約により資産を使用させることの対価としての金銭の支払を目的とする金銭債権
　三　前2号に掲げる債権のほか、金銭債権であって、過大な債務を負った事業者の事業の再生のために信託の引受けをする必要があると機構が認める債権

（劣後特約付金銭消費貸借等）
第8条の3　法第22条第1項第5号イに規定する金銭の消費貸借であって主務省令で定めるものは、元利金の支払について劣後の内容を有する特約が付された金銭の消費貸借であって、担保が付されていないものとする。
2 法第22条第1項第5号ロに規定する社債であって主務省令で定めるものは、元利金の支払について劣後の内容を有する特約が付された社債であって、担保が付されていないものとする。

（地域経済活性化事業活動）
第8条の4　法第22条第1項第6号に規定する主務省令で定めるものは、地域における中小企業者その他の事業者（事業を開始する者を含む。次条第2号において同じ。）が行う次に掲げる事業活動であって、地域産業の高度化若しくは活性化又は雇用機会の増大に資するものとする。
　一　新技術の研究開発及びその成果の企業化を通じた新たな事業の創出
　二　独自に開発した技術又は蓄積した知見を活用した新商品の開発、新役務の提供その他の新たな事業の分野への進出
　三　産業競争力強化法（平成25年法律第98号）第2条第11項に規定する事業再編又は同条第12項に規定する特定事業再編（前号に掲げる事業活動に該当するものを除く。）

（地域経済の活性化に資する資金供給を行う投資事業有限責任組合）
第8条の5　法第22条第1項第7号に規定する主務省令で定めるものは、次に掲げる者に対して投資事業有限責任組合契約に関する法律第3条第1項各号に掲げる事業の全部又は一部を営むことを約した投資事業有限責任組合（特定経営管理に係る投資事業有限責任組合にあっては、金銭の借入れを行わないことを約しているものに限る。）とする。
　一　その事業の再生を図ろうとする事業者
　二　地域経済活性化事業活動を行う事業者

（特定関係者との間の取引等を行うやむを得ない理由）
第9条　法第23条第1項の規定により読み替えて適用される銀行法第13条の2ただし書に規定する内閣府令・総務省令・財務省令・経済産業省令で定めるやむを得ない理由は、次に掲げる理由とする。
　一　機構が、機構の取引の通常の条件に照らして機構に不利益を与える取引又は行為を経営の状況の悪化した機構の特定関係者（法第23条第1項の規定により読み替えて適用される銀行法第13条の2本文に規定する特定関係者をいう。以下同じ。）との間で合理的な経営改善のための計画に基づき行う場合において、当該取引又は行為を行うことが当該特定関係者の経営の状況を改善する上で必要かつ不可欠であると見込まれること。
　二　前号に掲げるもののほか、機構がその特定関係者との間で機構の取引の通常の条件に照らして機構に不利益を与える取引又は行為を行うことについて、主務大臣が必要なものとしてあらかじめ定める場合に該当すること。

（特定関係者との間の取引等の承認の申請等）
第10条　機構は、法第23条第1項の規定により読み替えて適用される銀行法第13条の2ただし書の規定による承認を受けようとするときは、承認申請書に理由書その他主務大臣が必要と認める事項を記載した書類を添付して主務大臣に提出しなければならない。
2 主務大臣は、前項の規定による承認の申請があったときは、機構が法第23条第1項の規定により読み替えて適用される銀行法第13条の2各号に掲げる取引又は行為をすることについて前条に掲げるやむを得ない理由があるかどうかを審査するものとする。

（特定関係者との間の取引）
第11条　法第23条第1項の規定により読み替えて適用される銀行法第13条の2第1号に規定する

内閣府令・総務省令・財務省令・経済産業省令で定める取引は、機構が、その営む業務の種類、規模及び信用度等に照らして当該特定関係者と同様であると認められる当該特定関係者以外の者との間で、当該特定関係者との間で行う取引と同種及び同量の取引を同様の状況の下で行った場合に成立することとなる取引の条件と比べて、機構に不利な条件で行われる取引をいう。

(特定関係者の顧客との間の取引等)
第12条　法第23条第1項の規定により読み替えて適用される銀行法第13条の2第2号に規定する内閣府令・総務省令・財務省令・経済産業省令で定める取引又は行為は、次に掲げるものとする。
一　当該特定関係者の顧客との間で行う取引で、機構が、その営む業務の種類、規模及び信用度等に照らして当該特定関係者の顧客と同様であると認められる当該特定関係者の顧客以外の者との間で、当該特定関係者の顧客との間で行う取引と同種及び同量の取引を同様の状況の下で行った場合に成立することとなる取引の条件と比べて、機構に不利な条件で行われる取引(当該特定関係者と当該特定関係者の顧客が当該特定関係者が営む事業に係る契約を締結することをその取引の条件にしているものに限る。)
二　当該特定関係者との間で行う取引で、その条件が機構の取引の通常の条件に照らして当該特定関係者に不当に不利益を与えるものと認められるもの
三　何らの名義によってするかを問わず、法第23条第1項の規定により読み替えて適用される銀行法第13条の2の規定による禁止を免れる取引又は行為

(国又は地方公共団体が経営を実質的に支配することができない法人等)
第13条　株式会社地域経済活性化支援機構法施行令(平成21年政令第234号。以下「令」という。)第1条第4項第1号に規定する主務省令で定める割合は、3分の2とする。
2　令第1条第5項に規定する主務省令で定めるものは、国又は地方公共団体が法人等の財務及び事業の方針の決定を支配している場合における当該法人等とする。

(回収等停止要請の対象となる回収等)
第14条　法第27条第1項に規定する債権の回収その他主務省令で定める債権者としての権利の行使は、再生支援対象事業者に対する債権の債権者として再生支援対象事業者に対し行う一切の裁判上又は裁判外の行為(流動性預金の拘束を含む。)のうち、次に掲げるものを除くものとする。
一　次項及び第3項(同項に規定する場合に限る。)に規定する債権の弁済の受領
二　再生支援対象事業者が当該関係金融機関等に対して有する預金その他の債権について他の債権者による仮差押え、保全差押え又は差押えがされた場合に行う相殺
三　再生支援対象事業者に対し約束手形、為替手形又は小切手(外国におけるこれらに類するものを含む。以下「手形等」という。)の割引を行った場合であって、当該手形等の不渡りがあったときにおける遡求権の行使又は当該割引に係る契約に基づく当該手形等の買戻請求権の行使
四　再生支援対象事業者に対する貸付けに関し、次に掲げる再生支援対象事業者による担保の提供があった場合の受入れ
　イ　担保権の目的として供されている商業手形、売掛金債権等の全部又は一部の消滅に伴う同価値の担保の提供
　ロ　担保権の目的である財産の譲渡のために担保権を抹消する目的で行う同価値の担保の提供
五　再生支援対象事業者が関係金融機関等に対し提供した担保について、その担保の設定が動産及び債権の譲渡の対抗要件に関する民法の特例等に関する法律(平成10年法律第104号)第3条第2項に規定する動産譲渡登記又は同法第4条第2項に規定する債権譲渡登記若しくは同法第14条第1項に規定する質権設定登記により行われている場合における当該登記の存続期間の延長
六　前各号に類する行為であって、再生支援対象事業者の事業の再生を困難にするおそれがないと委員会が認めたもの
2　次に掲げる債権については、回収等停止要請によりその弁済の受領を妨げない。
一　約定利息
二　有価証券関連デリバティブ取引(金融商品取引法第28条第8項第6号に規定する有価証券関連デリバティブ取引(同項第4号に掲げる取引に限る。)をいう。第14条の3第2項第2号において同じ。)、金融等デリバティブ取引(銀行法第10条第2項第14号に規定する金融等デリバティブ取引をいう。第14条の3第2項第2号において同じ。)又は為替予約取引(当事者が将来の一定の時期において通貨及びその対価の授受を約する売買取引(金

融商品取引法第2条第22項第1号及び第2号に掲げる取引（通貨に係るものに限る。）に該当するものを除く。）をいう。第14条の3第2項第2号において同じ。）に係る債権
　三　再生支援対象事業者が商取引のために振り出した手形等のうち支払期日が到来したものに係る債権
　四　関係金融機関等が行った輸入信用状の決済により直接発生する再生支援対象事業者に対する債権
　五　再生支援対象事業者が関係金融機関等に対して支払う振込、口座振替、為替、手形代金取立て等のあらかじめ定められている事務手数料
3　次に掲げる債権については、法第25条第4項の規定により当該債権に係る回収等停止要請をする旨の決定を行ったときを除き、その弁済の受領を妨げない。
　一　社債
　二　次に掲げる契約に基づく貸付債権
　　イ　再生支援対象事業者が手形等を振り出した場合に、一定の極度額の限度内において当該関係金融機関等が立替払する旨が定められている契約
　　ロ　再生支援対象事業者に対する他の事業者による買掛金の一定期日における払込みをあらかじめ関係金融機関等が受託するとともに、再生支援対象事業者から当該他の事業者に対する売掛金債権を当該関係金融機関等が担保のため譲り受ける旨が定められている契約

（代表者に準ずる者）
第14条の2　法第32条の2第1項に規定する主務省令で定めるものは、過大な債務を負っている事業者の債務の保証をしている者であって、次に掲げるものとする。
　一　過大な債務を負っている事業者の事業に従事する者であって、当該事業者の代表者の配偶者であるもの
　二　過大な債務を負っている事業者の事業に従事する者であって、当該事業者の取締役であるもの
　三　過大な債務を負っている事業者の事業の方針の決定に関して、前号に掲げる者と同等以上の職権又は支配力を有すると認められる者

（回収等停止要請の対象となる回収等）
第14条の3　法第32条の4第1項に規定する債権の回収その他主務省令で定める債権者としての権利の行使は、特定支援対象事業者及びその代表者等に対する債権の債権者として特定支援対象事業者及びその代表者等に対し行う一切の裁判上又は裁判外の行為（流動性預金の拘束を含む。）のうち、次に掲げるものを除くものとする。
　一　次項及び第3項（同項に規定する場合に限る。）に規定する債権の弁済の受領
　二　特定支援対象事業者及びその代表者等が当該関係金融機関等に対して有する預金その他の債権について他の債権者による仮差押え、保全差押え又は差押えがされた場合に行う相殺
　三　特定支援対象事業者及びその代表者等に対し手形等の割引を行った場合であって、当該手形等の不渡りがあったときにおける遡求権の行使又は当該割引に係る契約に基づく当該手形等の買戻請求権の行使
　四　特定支援対象事業者及びその代表者等に対する貸付けに関し、次に掲げる特定支援対象事業者及びその代表者等による担保の提供があった場合の受入れ
　　イ　担保権の目的として供されている商業手形、売掛金債権等の全部又は一部の消滅に伴う同価値の担保の提供
　　ロ　担保権の目的である財産の譲渡のために担保権を抹消する目的で行う同価値の担保の提供
　五　特定支援対象事業者及びその代表者等が関係金融機関等に対し提供した担保について、その担保の設定が動産及び債権の譲渡の対抗要件に関する民法の特例等に関する法律第3条第2項に規定する動産譲渡登記又は同法第4条第2項に規定する債権譲渡登記若しくは同法第14条第1項に規定する質権設定登記により行われている場合における当該登記の存続期間の延長
　六　前各号に類する行為であって、特定支援対象事業者及びその代表者等の債務の整理を困難にするおそれがないと委員会が認めたもの
2　次に掲げる債権については、回収等停止要請によりその弁済の受領を妨げない。
　一　約定利息
　二　有価証券関連デリバティブ取引、金融等デリバティブ取引又は為替予約取引に係る債権
　三　特定支援対象事業者及びその代表者等が商取引のために振り出した手形等のうち支払期日が到来したものに係る債権
　四　関係金融機関等が行った輸入信用状の決済により直接発生する特定支援対象事業者及びその代表者等に対する債権
　五　特定支援対象事業者及びその代表者等が関

係金融機関等に対して支払う振込、口座振替、為替、手形代金取立て等のあらかじめ定められている事務手数料
3 次に掲げる債権については、法第32条の2第3項の規定により当該債権に係る回収等停止要請をする旨の決定を行ったときを除き、その弁済の受領を妨げない。
　一　社債
　二　次に掲げる契約に基づく貸付債権
　　イ　特定支援対象事業者及びその代表者等が手形等を振り出した場合に、一定の極度額の限度内において当該関係金融機関等が立替払する旨が定められている契約
　　ロ　特定支援対象事業者及びその代表者等に対する他の事業者による買掛金の一定期日における払込みをあらかじめ関係金融機関等が受託するとともに、特定支援対象事業者及びその代表者等から当該他の事業者に対する売掛金債権を当該関係金融機関等が担保のため譲り受ける旨が定められている契約

（特定信託引受けの申込みに係る添付書面）
第14条の4　法第32条の9第2項に規定する主務省令で定める書面は、次に掲げる書面とする。
　一　特定信託引受けの申込みに至った経緯を記載した書面
　二　特定信託引受けの申込みをした事業者に対して有する債権の額が最も多い金融機関等による当該事業者に対する事業の再生の支援の方針を記載した書面
　三　その他参考となるべき事項を記載した書面

（特定出資の申込みに係る添付書面）
第14条の5　法第32条の10第2項第4号に規定する主務省令で定める書面は、次に掲げる書面とする。
　一　特定出資の申込みに至った経緯を記載した書面
　二　特定出資の申込みをした金融機関等による貸付債権移転対象事業者に対する事業の再生の支援の方針を記載した書面
　三　その他参考となるべき事項を記載した書面

（特定専門家派遣の申込みができる者）
第14条の6　法第32条の11第1項に規定する事業の再生又は地域経済活性化事業活動を支援する業務を行う者として主務省令で定める者は、第8条の5に規定する投資事業有限責任組合（次条第3号において単に「投資事業有限責任組合」という。）の無限責任組合員である者とする。

（特定専門家派遣対象機関）
第14条の7　法第32条の11第1項に規定する金融機関等、特定事業再生支援会社その他事業者の事業の再生又は地域経済活性化事業活動を支援する業務を行う者の支援の対象となる事業者であって主務省令で定めるものは、次に掲げる者とする。
　一　金融機関等の支援の対象となる事業者（特定専門家派遣対象機関である金融機関等の支援の対象となる事業者又は特定信託引受対象事業者に限る。）
　二　特定事業再生支援会社の支援の対象となる貸付債権移転対象事業者
　三　投資事業有限責任組合による資金供給の対象となる事業者（次に掲げるものに限る。）
　　イ　投資事業有限責任組合の無限責任組合員が特定専門家派遣対象機関である投資事業有限責任組合による資金供給の対象となる事業者
　　ロ　特定経営管理又は特定組合出資に係る投資事業有限責任組合による資金供給の対象となる事業者

（特定専門家派遣の申込みに係る添付書面）
第14条の8　法第32条の11第2項に規定する主務省令で定める書面は、特定専門家派遣の申込みをした者における事業者の事業の再生又は地域経済活性化事業活動を支援する業務の実施体制を記載した書面その他参考となるべき事項を記載した書面とする。

（特定組合出資の申込みに係る添付書面）
第14条の9　法第32条の12第2項に規定する主務省令で定める書面は、次に掲げる書面とする。
　一　特定組合出資の申込みに至った経緯を記載した書面
　二　特定組合出資の申込みをした特定組合の無限責任組合員による事業の再生又は地域経済活性化事業活動に資する資金供給の方針を記載した書面
　三　その他参考となるべき事項を記載した書面

（公表）
第15条　機構は、毎年、4月1日から6月30日まで、7月1日から9月30日まで、10月1日から12月31日まで及び翌年1月1日から3月31日までの各期間ごとに、法第34条の規定による公表を行うものとする。ただし、第4項第21号に掲げる事項については、事業年度ごとに当該公表を行うことができる。
2　前項の規定にかかわらず、機構は、次に掲げるときは、速やかに、法第34条の規定による公

表を行うものとする。
一　法第25条第1項第1号の規定により認定を受けた事業者（以下この条において「認定事業者」という。）に係る再生支援決定又はその撤回を行ったとき。
二　認定事業者に係る買取決定等を行ったとき。
三　認定事業者に係る出資決定を行ったとき。
四　認定事業者に係る債権又は株式若しくは持分の譲渡その他の処分の決定を行ったとき。
五　一の再生支援決定（認定事業者に係るものに限る。）に係る全ての業務を完了したとき。
3　機構は、再生支援の申込みをした認定事業者があらかじめ申し出た場合には、買取決定等を公表するまでの間に限り、再生支援決定（再生支援決定の撤回を含む。）に係る法第34条の規定による公表を行わないことができる。
4　法第34条に規定する主務省令で定める事項は、次に掲げる事項とする。
一　再生支援決定を行った件数
二　再生支援決定に係る買取申込み等期間の延長の決定を行った件数
三　再生支援決定を撤回した件数
四　再生支援決定に係る買取決定を行った再生支援対象事業者の概要並びに買取りに係る債権の元本総額及び信託の引受けに係る貸付債権の元本総額
五　出資決定を行った再生支援対象事業者の概要及び出資総額（債務の株式化等による場合にあっては、現物出資された債権の元本総額）
六　再生支援対象事業者に係る債権の処分の類型（債務の免除、債権の譲渡その他の類型をいう。次項第6号ロにおいて同じ。）ごとの当該処分を行った件数及び再生支援対象事業者に係る株式又は持分の処分の類型（譲渡、消却その他の類型をいう。次項第6号ハにおいて同じ。）ごとの当該処分を行った件数並びに当該処分時における再生支援対象事業者に対する当該債権の元本総額（信託の引受けに係る貸付債権の元本総額を除く。以下この号において同じ。）及び処分後における再生支援対象事業者に対する当該債権の元本総額
七　一の再生支援決定に係る全ての業務を完了した再生支援対象事業者の概要及び再生支援対象事業者に対して行った買取決定に係る債権の買取価格の総額
八　特定支援決定を行った件数
九　特定支援決定に係る買取申込み等期間の延長の決定を行った件数
十　特定支援決定を撤回した件数
十一　特定支援決定に係る買取決定を行った特定支援対象事業者の業種及び買取りに係る債権の元本総額
十二　特定支援対象事業者に係る債権の処分の類型（債務の免除、債権の譲渡その他の類型をいう。）ごとの当該処分を行った件数並びに当該処分時における特定支援対象事業者に対する当該債権の元本総額及び処分後における特定支援対象事業者に対する当該債権の元本総額
十三　一の特定支援決定に係る全ての業務を完了した特定支援対象事業者の業種及び特定支援対象事業者に対して行った買取決定に係る債権の買取価格の総額
十四　特定信託引受対象事業者の概要及び特定信託引受けに係る貸付債権の元本総額
十五　一の特定信託引受決定に係る全ての業務を完了した特定信託引受対象事業者の概要
十六　特定事業再生支援会社の名称及び特定事業再生支援会社ごとの特定出資の額
十七　一の特定出資決定に係る全ての業務を完了した特定事業再生支援会社の名称
十八　特定専門家派遣決定を行った件数
十九　対象特定組合の概要及び特定組合出資の額
二十　特定経営管理に係る株式会社の事業の概況
二十一　業務の実施状況に関する機構の評価
5　前項の規定にかかわらず、認定事業者に係る法第34条に規定する主務省令で定める事項は、次の各号に掲げる場合の区分に応じ、当該各号に定める事項とする。
一　再生支援決定を行ったとき。当該決定を行った旨のほか、次に掲げる事項
　イ　再生支援対象事業者の氏名又は名称
　ロ　事業再生計画の概要
　ハ　買取申込み等期間
　ニ　回収等停止要請をしたかどうかの別
二　買取申込み等期間の延長の決定を行ったとき。当該決定を行った旨及び次に掲げる事項
　イ　再生支援対象事業者の氏名又は名称
　ロ　延長した買取申込み等期間
　ハ　当該延長した買取申込み等期間について回収等停止要請をしたかどうかの別
三　再生支援決定を撤回したとき。当該撤回をした旨のほか、次に掲げる事項
　イ　再生支援対象事業者の氏名又は名称
　ロ　当該撤回の理由
四　買取決定等を行ったとき。当該決定を行っ

た旨のほか、次に掲げる事項
　イ　再生支援対象事業者の氏名又は名称
　ロ　買取りに係る債権の元本額
　ハ　信託の引受けに係る貸付債権の元本額
五　出資決定を行ったとき。当該決定を行った旨のほか、次に掲げる事項
　イ　再生支援対象事業者の氏名又は名称
　ロ　出資額（債務の株式化等による場合は、現物出資された債権の元本額）
　ハ　取得する株式又は持分の種類、数及びその割合
六　再生支援対象事業者に係る債権又は株式若しくは持分の譲渡その他の処分の決定を行ったとき。当該決定を行った旨のほか、次に掲げる事項
　イ　再生支援対象事業者の氏名又は名称
　ロ　当該処分を行う債権の処分の類型ごとに、当該処分時における再生支援対象事業者に対する当該債権の元本額（信託の引受けに係る貸付債権の元本額を除く。以下ロにおいて同じ。）及び処分後における再生支援対象事業者に対する当該債権の元本額
　ハ　当該処分を行う株式又は持分の処分の類型ごとに、当該処分時における再生支援対象事業者に対する当該株式又は持分の種類、数及びその割合並びに処分後における再生支援対象事業者に対する当該株式又は持分の種類、数及びその割合
七　一の再生支援決定に係る全ての業務を完了したとき。当該完了をした旨のほか、次に掲げる事項
　イ　再生支援対象事業者の氏名又は名称
　ロ　当該再生支援対象事業者に対して行った買取決定に係る債権の買取価格
　ハ　当該再生支援決定に係る業務の実績に関する機構の評価

（インターネットを利用する公告の方法）
第16条　法第35条第3項に規定する主務省令で定める方法は、インターネットを利用して次に掲げる事項を公衆の閲覧に供する方法とする。
一　確認を行った日
二　確認を受けた金融機関等の名称
三　確認に係る貸付けを行う日
四　確認に係る貸付金の元本額

（融資等業務実施法人）
第17条　法第66条第1項に規定する主務省令で定める者は、次に掲げる者とする。
一　財団法人食品流通構造改善促進機構（平成3年10月1日に財団法人食品流通構造改善促進機構という名称で設立された法人をいう。）
二　財団法人残留農薬研究所（昭和45年7月29日に財団法人残留農薬研究所という名称で設立された法人をいう。）
三　社団法人全国農地保有合理化協会（昭和46年9月28日に社団法人全国農地保有合理化協会という名称で設立された法人をいう。）
四　社団法人大日本水産会（明治42年5月19日に社団法人大日本水産会という名称で設立された法人をいう。）
五　財団法人魚価安定基金（昭和51年12月2日に財団法人魚価安定基金という名称で設立された法人をいう。）
六　財団法人海外漁業協力財団（昭和48年6月2日に財団法人海外漁業協力財団という名称で設立された法人をいう。）
七　社団法人米穀安定供給確保支援機構（昭和30年9月9日に社団法人米穀安定供給確保支援機構という名称で設立された法人をいう。）
八　社団法人全国肉用牛振興基金協会（昭和47年8月25日に社団法人全国肉用牛振興基金協会という名称で設立された法人をいう。）
九　財団法人日本木材総合情報センター（昭和49年10月1日に財団法人日本木材総合情報センターという名称で設立された法人をいう。）
十　財団法人ベンチャーエンタープライズセンター（昭和50年7月1日に財団法人ベンチャーエンタープライズセンターという名称で設立された法人をいう。）
十一　社団法人電炉業構造改善促進協会（昭和52年12月21日に社団法人電炉業構造改善促進協会という名称で設立された法人をいう。）
十二　社団法人日本鉄源協会（昭和50年6月25日に社団法人日本鉄屑備蓄協会という名称で設立された法人をいう。）
十三　社団法人プラスチック処理推進協会（昭和46年に社団法人プラスチック処理研究会という名称で設立された法人をいう。）
十四　社団法人全国石油協会（昭和28年6月25日に社団法人全国石油協会という名称で設立された法人をいう。）
十五　財団法人建設業振興基金（昭和50年7月16日に財団法人建設業振興基金という名称で設立された法人をいう。）
十六　財団法人不動産流通近代化センター（昭和55年11月1日に財団法人不動産流通近代化センターという名称で設立された法人をいう。）
十七　財団法人民間都市開発推進機構（昭和62年10月1日に財団法人民間都市開発推進機構という名称で設立された法人をいう。）

十八　社団法人全国市街地再開発協会（昭和44年11月11日に社団法人全国市街地再開発協会という名称で設立された法人をいう。）
十九　財団法人建築防災協会（昭和48年1月5日に財団法人日本特殊建築安全センターという名称で設立された法人をいう。）
二十　財団法人産業廃棄物処理事業振興財団（平成4年12月3日に財団法人産業廃棄物処理事業振興財団という名称で設立された法人をいう。）

　　　附　則
（施行期日）
1　この命令は、法の施行の日（平成21年9月28日）から施行する。
（経過措置）
2　特定商取引に関する法律及び割賦販売法の一部を改正する法律（平成20年法律第74号）の施行の日前においては、第3条第6号中「、同法第30条第1項に規定する包括信用購入あつせん業者及び同法第53条の3の2第1項に規定する個別信用購入あつせん業者」とあるのは、「及び同法第30条第1項に規定する割賦購入あつせん業者」とする。

　　　附　則（平成23年9月30日内閣府・総務省・財務省・経済産業省令第1号）
　この命令は、独立行政法人雇用・能力開発機構法を廃止する法律の施行の日（平成23年10月1日）から施行する。

　　　附　則（平成24年3月26日内閣府・総務省・財務省・経済産業省令第1号）
　この命令は、平成24年4月1日から施行する。

　　　附　則（平成24年5月14日内閣府・総務省・財務省・経済産業省令第2号）
　この命令は、株式会社企業再生支援機構法の一部を改正する法律（平成24年法律第20号）附則第1項ただし書に規定する規定の施行の日（平成24年5月14日）から施行する。

　　　附　則（平成25年3月15日内閣府・総務省・財務省・経済産業省令第1号）
1　この命令は、株式会社企業再生支援機構法の一部を改正する法律（次項において「改正法」という。）の施行の日（平成25年3月18日）から施行する。
2　改正法の施行の日以後最初に行う株式会社地域経済活性化支援機構法（平成21年法律第63号）第34条の規定による公表についての株式会社地域経済活性化支援機構法施行規則（平成21年内閣府、総務省、財務省、経済産業省令第1号）第15条第1項の規定の適用については、同項中「4月1日から6月30日まで」とあるのは「株式会社企業再生支援機構法の一部を改正する法律（平成25年法律第2号。以下この項において「改正法」という。）の施行の日から平成25年6月30日まで」と、「事業年度ごとに」とあるのは「改正法の施行の日の属する事業年度の翌事業年度に」とする。

　　　附　則（平成26年1月17日内閣府・総務省・財務省・経済産業省令第1号）
　この命令は、産業競争力強化法の施行の日（平成26年1月20日）から施行する。

　　　附　則（平成26年3月31日内閣府・総務省・財務省・経済産業省令第2号）
　この命令は、中小企業等協同組合法の一部を改正する法律（平成24年法律第85号）の施行の日（平成26年4月1日）から施行する。

　　　附　則（平成26年10月10日内閣府・総務省・財務省・経済産業省令第3号）
　この命令は、株式会社地域経済活性化支援機構法の一部を改正する法律の施行の日（平成26年10月14日）から施行する。

株式会社地域経済活性化支援機構支援基準

　株式会社地域経済活性化支援機構（以下機構という。）は、有用な経営資源を有しながら過大な債務を負っている中小企業者その他の事業者であって、債権放棄等の金融支援を受けて事業再生を図ろうとするものに対する再生支援等を通じた事業再生の支援及び地域経済の活性化に資する資金供給を行う投資事業有限責任組合の業務を執行する株式会社の経営管理等を通じた地域経済の活性化に資する支援を行うものである。

　「過大な債務を負っている」については、収益力に比して過剰な債務を負っているため、債権放棄等の金融支援による事業再生又は債務整理が求められている状態をいう。

　機構が再生支援決定及び当該決定に係る買取決定、特定支援決定及び当該決定に係る買取決定、特定信託引受決定、特定出資決定、特定専門家派遣決定、特定組合出資決定並びに特定経営管理決定を行うに当たっては、地域の事業者の公正かつ自由な競争を阻害することがないようにするため、次に定める基準に厳に従って中立かつ公正な立場からこれを行うものとする。また、機構が再生支援決定、特定支援決定又は特定信託引受決定を行うに当たっては、再生支援、特定支援又は特定信託引受けの申込みをした事業者（以下「申込事業者」という。）の企業規模が小さいことのみを理由として不利益な取扱いをしてはならない。

　なお、機構は、業務の実施に当たっては、地域において事業者の事業の再生又は地域経済活性化事業活動を支援する業務を行う者との業務上の提携その他の当該者が行う支援の能力の向上に資する方法を採用するよう努めるものとする。

Ⅰ．再生支援決定基準

　機構は、再生支援の申込みがあったときに、当該申込みが次の1.から4.までの全てを満たし、事業再生計画の実施を通じた事業の再生が見込まれるものでない限り、再生支援決定をしてはならない。

1. 事業再生が見込まれることを確認するものとして次の(1)から(5)までの全てを満たすこと。
   (1) 再生支援の申込みに当たって、次の①又は②のいずれかを満たしていること。
   ① 当該申込みが、いわゆるメインバンク等の当該申込事業者の事業再生上重要な債権者である一以上の者との連名によるものであること。
   ② 事業の再生に必要な投融資等（スポンサー（注）等からの援助を含む。）を受けられる見込みがある、又は①に規定する者から事業再生計画について実質的な同意を得られる見込みがあることから、①の場合と実質的に同程度の再生の可能性があることを書面により確認することができること。
   （注）　スポンサーとは、一般的に、再生支援対象事業者に対する投融資等を通じて、再生支援対象事業者の事業の再生をコミットする投資家のことをいう。例えば機構が出資する場合には、支援終了時等において、機構の再生支援対象事業者に対する出資に係る株式又は持分の譲渡先となる。機構の再生支援決定の時点でスポンサーが決定している場合と、機構の再生支援決定後、支援終了までの間に、入札等を通じて、スポンサーを選定する場合がある。

   (2) 申込事業者が、再生支援決定が行われると見込まれる日から5年以内に、次に掲げる①生産性向上基準及び②財務健全化基準を満たすこと。ただし、事業者の属する事業分野の特性、当該事業者の規模等を勘案し、これらの基準のうちの一部について、その期間内に満たすことが見込まれないことについて合理的と認められる特段の事情があると機構が認める場合は、これを硬直的に適用することとはしない。

   　なお、各指標の計算方法については、備考において定めるほか、「事業再編の実施に関する指針」（平成26年財務省・経済産業省告示第1号）において別に定めるところ（有利子負債に係る計算方法を除く。）による。
   ① 生産性向上基準
   　　次のa)からd)までのいずれかを満たすこと。
   　a) 自己資本当期純利益率（注）が2％ポイント以上向上
   　b) 有形固定資産回転率が5％以上向上
   　c) 従業員1人当たり付加価値額が6％以上向上
   　d) a)からc)までに相当する生産性の向上を示す他の指標の改善
   　（注）　企業再生ファンド、他の事業会社等による事業の買収を伴う等事業部門単位で指標を判断することが必要

な場合にあっては、当該事業部門の属する事業分野の特性に応じて、総資産減価償却費前営業利益率、総資産研究開発費前営業利益率又は総資産減価償却費前研究開発費前営業利益率のいずれかの指標を選択することができる。
② 財務健全化基準
次のa)及びb)のいずれも満たすこと。
(注1)
a) 有利子負債（資本性借入金がある場合は当該借入金を控除）のキャッシュ・フローに対する比率が10倍以内（注2）
b) 経常収入が経常支出を上回ること。
(注1) 申込事業者が国又は地方公共団体から補助金等の交付を受けている場合においては、次のイ)及びロ)のいずれも満たすことを条件として、当該補助金等の額をキャッシュ・フロー及び経常収入の額に算入することができるなど、当該補助金等の交付を受けられることを前提としてa)及びb)を満たすかどうかを判断することができる。
イ) 当該補助金等の目的、その目的に応じた必要額及びその積算根拠が明確であるなど、透明性が確保されていること。
ロ) 当該補助金等を交付する者が、その財政力等の観点も踏まえつつ、その自主的な判断に基づき、一定の期間継続して当該補助金等の交付を行う蓋然性が高いと見込まれること。
(注2)
$$\frac{\text{有利子負債合計額} - \text{現預金} - \text{信用度の高い有価証券等の評価額} - \text{運転資金の額}}{\text{留保利益} + \text{減価償却費} + \text{引当金増減}} \leq 10$$

(3) 申込事業者を再生支援決定時点で清算した場合の当該事業者に対する債権の価値を、事業再生計画を実施した場合の当該債権の価値が下回らないと見込まれること。
(4) 機構が申込事業者に対する債権の買取り、資金の貸付け（社債の引受けを含む。以下同じ。）、債務の保証又は出資（債務の株式化を含む。以下同じ。）を行う場合には、再生支援決定が行われると見込まれる日から5年以内に、新たなスポンサーの関与等により申込事業者の資金調達（リファイナンス）が可能な状況となる等、申込事業者に係る債権（債務の保証の履行により取得する求償権を含む。）又は株式若しくは持分の処分が可能となる蓋然性が高いと見込まれること。なお、再生支援の実施に当たっては、いわゆるメインバンク、スポンサー等から資金支援を受けるなど、民間の資金を最大限に活用するものとする。
(5) 事業再生計画の内容に機構が申込事業者に対して出資をすることが含まれる場合には、次に掲げる要件を全て満たすこと。なお、機構による出資はスポンサーへの譲渡までの暫定的な措置であることを踏まえ、機構は、その要否及びスポンサーへの譲渡の確実性について十分な検討を行うとともに、再生支援決定時にスポンサーが決まっていない場合でも、事業再生計画に対する債権者の合意を得る段階までの間に、スポンサーの選定を行うよう努め、スポンサーを得た場合は、出資は、可能な限りスポンサーから行うよう調整するものとする。
① 機構が事業再生計画の実行支援を強力に推進する上で、機構による出資が真に必要不可欠であること。
② 機構等が申込事業者に対しその株式又は持分の比率に応じたガバナンス（経営管理）を発揮できる体制を構築すること。
③ 機構からの出資により、メインバンク、スポンサー等からの投融資等を受けることができると見込まれること。
④ 企業価値の向上により、投下資金以上の回収が見込まれること。
2．過剰供給構造にある事業分野に属する事業を有する事業者については、事業再生計画の実施が過剰供給構造の解消を妨げるものでないこと。なお、過剰供給構造の判定方法及びその解消方法等については「事業再編の実施に関する指針」において別に定めるところによる。
3．申込事業者が、労働組合等と事業再生計画の内容等について話合いを行ったこと又は行う予定であること。
4．申込事業者が、株式会社地域経済活性化支援機構法（平成21年法律第63号。以下「法」という。）第25条第1項各号に掲げる法人（以下「除外法人」という。）でないこと。
(注) 除外法人については、申込み時には除外法人でないものの、その後、短期間に除外法人となることが見込まれる法人（申込み時に一時的に除外法人でなくなったものの、その後、短期間に再び除外法人となることが見込まれる法人を含む。）について

は、機構が再生支援をすることができない。

Ⅱ．再生支援決定に係る買取決定基準
　機構は、次の１．から５．までの全てを満たす場合でなければ、買取決定をしてはならない。
１．買取申込み等に係る債権のうち、買取りをすることができると見込まれるものの額及び法第26条第１項第２号に掲げる同意に係るものの額の合計額が必要債権額を満たしていること。
２．買取決定の対象となる買取申込み等をした関係金融機関等が回収等停止要請に反して回収等をしていないこと。
３．買取価格は、再生支援決定に係る事業再生計画を勘案した適正な時価を上回らない価格であること。
４．買取決定時点においても、再生支援決定基準を満たすこと。
５．再生支援決定までに、再生支援対象事業者が労働組合等と事業再生計画の内容等について話合いを行っていなかった場合には、当該話合いを行ったこと。

Ⅲ．特定支援決定基準
　機構は、特定支援の申込みがあったときに、当該申込みが次の１．から５．までの全てを満たす場合でなければ、特定支援決定をしてはならない。
１．申込事業者が、過大な債務を負っており、既往債務を弁済することができないこと又は近い将来において既往債務を弁済することができないことが確実と見込まれること（事業者が法人の場合は債務超過である場合又は近い将来において債務超過となることが確実と見込まれる場合を含む。）。
２．申込事業者の代表者等（当該事業者の債務の保証をしている者に限る。）が、金融機関等と協力して新たな事業の創出その他の地域経済の活性化に資する事業活動の実施に寄与するために必要な当該事業者及びその代表者等の債務（代表者等の債務にあっては、当該事業者の債務の保証に係るものに限る。）の整理を行おうとする場合であること。
３．申込事業者及びその代表者等の債務の整理について、次の(1)から(6)までの全ての要件を満たすこと。
　(1)　申込事業者及びその代表者等が弁済について誠実であり、関係金融機関等及び機構に対してそれぞれの財産状況（負債の状況を含む。）に関して、適時に、かつ、適切な開示を行っていること。
　(2)　申込事業者の主たる債務及び代表者等の保証債務について、破産手続による場合の配当よりも多くの回収を得られる見込みがあるなど、関係金融機関等にとっても経済的な合理性が期待できること。
　(3)　代表者等に破産法（平成16年法律第75号）第252条第１項各号（第10号を除く。）に掲げる事由が生じておらず、又はそのおそれもないこと。
　(4)　代表者等の弁済計画が、次の①から⑤までの全ての事項が記載された内容であること。
　　①　債務の整理を行うことによって、新たな事業の創出その他の地域経済の活性化に資する事業活動の実施に寄与する見込み（新たな事業の創出、事業の再生又は他の事業者の経営に参加若しくは当該事業者に雇用され当該事業者の成長発展等に寄与すること等の見込みをいう。）。
　　②　財産の状況
　　③　保証債務の弁済計画（原則として、特定支援決定が行われると見込まれる日から５年以内に保証債務の弁済を終えるものに限る。）
　　④　資産の換価及び処分の方針
　　⑤　関係金融機関等に対して要請する保証債務の減免、期限の猶予その他の権利変更の内容
　(5)　申込事業者の弁済計画が、次の①から④までの全ての事項が記載された内容であること。
　　①　財産の状況
　　②　主たる債務の弁済計画（原則として、特定支援決定が行われると見込まれる日から５年以内に債務の弁済を終えるものに限る。）
　　③　資産の換価及び処分の方針
　　④　関係金融機関等に対して要請する債務の減免、期限の猶予その他の権利変更の内容
　(6)　申込事業者の弁済計画が、将来の収益による弁済により事業再生を図ろうとするものである場合には、Ⅰ．において定める事業再生の見込みの要件に準ずる要件を持つ私的整理手続（機構の再生支援手続と同等の利害関係のない中立かつ公正な第三者が関与するものに限る。）（注）による事業再生の見込みが弁済計画において確認されること。
　　なお、事業者が、機構に、事業再生計画の実施を通じた事業再生の支援を求める場合は、法第25条に定める再生支援手続によるものとする。
　(注)　中小企業再生支援協議会による再生支

援、事業再生ADR、私的整理ガイドライン、特定調停等をいう。
4．申込事業者が、労働組合等と弁済計画の内容等について話合いを行ったこと又は行う予定であること。
5．申込事業者が、法第25条第1項第1号の政令で定める事業者及び同項第2号から第4号までに掲げる法人（以下「特定除外法人」という。）並びに再生支援対象事業者でないこと。
　（注）特定除外法人については、申込み時には特定除外法人でないものの、その後、短期間に特定除外法人となることが見込まれる法人（申込み時に一時的に特定除外法人でなくなったものの、その後、短期間に再び特定除外法人となることが見込まれる法人を含む。）については、機構が特定支援をすることができない。

Ⅳ．特定支援決定に係る買取決定基準
機構は、次の1．から5．の全てを満たす場合でなければ、買取決定をしてはならない。
1．買取申込み等に係る債権のうち、買取りをすることができると見込まれるものの額及び法第32条の3第1項第2号に掲げる同意に係るものの額の合計額が必要債権額を満たしていること。
2．買取決定の対象となる買取申込み等をした関係金融機関等が回収等停止要請に反して回収等をしていないこと。
3．買取価格は、特定支援決定に係る弁済計画を勘案した適正な時価を上回らない価格であること。
4．買取決定時点においても、特定支援決定基準を満たすこと。
5．特定支援決定までに、特定支援対象事業者が労働組合等と弁済計画の内容等について話合いを行っていなかった場合には、当該話合いを行ったこと。

Ⅴ．特定信託引受決定基準
機構は、次の1．から4．までの全てを満たす場合でなければ、特定信託引受決定をしてはならない。
1．申込事業者に対する貸付債権の額が最も多い金融機関等による当該事業者に対する事業の再生の支援の方針が、当該事業者の属する事業分野の特性、当該事業者の規模等を十分に勘案したものであり、かつ、当該金融機関等にとって、事業の再生の支援を行う合理性があると認められること。
2．地域経済にとって有用な資源を有しており、それを有効に活用することができると見込まれること、主要な事業部門で利益を計上していること、スポンサー等から事業の再生に必要な投融資を受けることができると見込まれること、労働者の理解と協力が得られると見込まれることその他の申込事業者の事業の状況に照らし、当該事業者が経営の改善のための計画を作成した上で、特定信託引受決定が行われると見込まれる日から5年以内にその事業の再生を図ることができると見込まれること。
3．申込事業者が特定信託引受けの申込みをするに至った経緯に照らし、機構が当該特定信託引受けをしなければ、当該事業者の事業の再生を図ることが困難であると認められること。
4．申込事業者が、特定除外法人又は再生支援対象事業者でないこと。
　（注）特定除外法人については、申込み時には特定除外法人でないものの、その後、短期間に特定除外法人となることが見込まれる法人（申込み時に一時的に特定除外法人でなくなったものの、その後、短期間に再び特定除外法人となることが見込まれる法人を含む。）については、機構が特定信託引受けをすることができない。

Ⅵ．特定出資決定基準
機構は、次の1．から5．までの全てを満たす場合でなければ、特定出資決定をしてはならない。
1．特定出資の申込みをした金融機関等による貸付債権移転対象事業者に対する事業の再生の支援の方針が、当該事業者の属する事業分野の特性、当該事業者の規模等を十分に勘案したものであり、かつ、当該金融機関等にとって、事業の再生の支援を行う合理性があると認められること。
2．地域経済にとって有用な資源を有しており、それを有効に活用することができると見込まれること、主要な事業部門で利益を計上していること、スポンサー等から事業の再生に必要な投融資を受けることができると見込まれること、労働者の理解と協力が得られると見込まれることその他の貸付債権移転対象事業者の事業の状況に照らし、当該貸付債権移転対象事業者が経営の改善のための計画を作成した上で、特定出資決定が行われると見込まれる日から5年以内にその事業の再生を図ることができると見込まれること。
3．金融機関等及び当該金融機関等に係る株式会社が特定出資の申込みをするに至った経緯に照らし、機構が当該特定出資をしなければ、当該株式会社が出資又は資金の貸付けを受けること

が困難であると認められること。
4．貸付債権移転対象事業者が経営の改善のための計画を作成し、かつ、当該計画を達成することができると見込まれるとき、又は貸付債権移転対象事業者の経営が改善したと認められるときは、当該貸付債権移転対象事業者に対し、当該貸付債権移転対象事業者に対する貸付債権を当該特定出資の申込みをした株式会社に移転する金融機関等が資金の貸付けを行うことが見込まれること。
5．特定出資の申込みをした株式会社の人的体制に照らし、当該株式会社が行う貸付債権移転対象事業者に対する資金の貸付けを、当該貸付債権移転対象事業者に対する貸付債権を当該株式会社に移転した金融機関等が4．に規定する資金の貸付けを行うまでの間における当該貸付債権移転対象事業者の事業の継続に欠くことができないものに限ることその他の当該株式会社の業務の適切な運営を確保することができると見込まれること。

Ⅶ．特定専門家派遣決定基準
機構は、次の1．及び2．のいずれも満たす場合でなければ、特定専門家派遣決定をしてはならない。
1．特定専門家派遣の申込みに係る理由書の内容に照らし、機構が特定専門家派遣をすることにより、当該申込みをした者が、事業者の事業の再生又は地域経済活性化事業活動を支援する業務を円滑に実施することができると見込まれること。
2．特定専門家派遣の申込みをした者の業務の実施体制に照らし、機構が特定専門家派遣をすることが必要であると認められること。

Ⅷ．特定組合出資決定基準
機構は、次の1．から6．までの全てを満たす場合でなければ、特定組合出資決定をしてはならない。
1．地域の経済金融情勢等に照らし、機構が特定組合出資をしなければ、事業再生支援や地域経済活性化支援を目的とする特定組合に、地域経済の活性化に資する資金供給を行うために十分な資金が集まらないと見込まれることその他の機構が特定組合出資をする必要があると認められる事情があること。
2．機構のほかに1又は2以上の民間事業者が有限責任組合員として出資していること又は出資する見込みがあること。
3．対象特定組合に対する民間事業者による出資の額の見込みに照らし、機構が行おうとする当該対象特定組合に対する出資の額が、当該対象

特定組合が行う地域経済の活性化に資する資金供給のために必要と認められる金額の範囲内において行われ、かつ、原則として、一組合への出資限度額は、出資約束金額総額の2分の1以下であること。
4．特定組合出資の申込みをした特定組合の無限責任組合員に関し次の(1)から(3)までの全てを満たすこと。
(1) 地域経済の活性化に資する資金供給に関する専門的な知識及び経験を有する者が確保される見込みがあることその他の当該対象特定組合の業務の適切な運営を確保するために必要な人的体制が整備される見込みがあること。
(2) 無限責任組合員としての業務執行に携わった実績を有する者がいることその他の無限責任組合員の業務の適切な運営が確保される見込みがあること。
(3) 当該対象特定組合の業務の適切な運営を図ることができる健全な財務内容等が見込まれること。
5．対象特定組合に係る投資事業有限責任組合契約において、無限責任組合員による業務執行について、利益相反の防止、当該対象特定組合の財務内容等の経営状況に係る有限責任組合員への定期的な報告その他の適切性を確保する手続又は体制が定められていること。
6．機構の財務の状況に照らし、機構が特定組合出資をしたとしても当該特定組合出資以外の機構の業務の適切な運営に支障を来すおそれがないと認められること。

Ⅸ．特定経営管理決定基準
機構は、次の1．から4．までの全てを満たす場合でなければ、特定経営管理決定をしてはならない。
1．地域の経済金融情勢等に照らし、機構が特定経営管理をしなければ、地域経済の活性化に資する資金供給を行うために十分な数の投資事業有限責任組合が設立されないと見込まれる地域が存在することその他の機構が特定経営管理をする必要があると認められること。
2．特定経営管理に係る株式会社及び当該特定経営管理に係る投資事業有限責任組合に対する民間事業者による出資の額の見込みに照らし、機構が行おうとする当該株式会社に対する出資の額が、当該投資事業有限責任組合の設立及びその業務の適切な運営のために必要かつ最小限のものであること。
3．特定経営管理に係る株式会社に対し、民間事業者から地域経済の活性化に資する資金供給に

関する専門的な知識及び経験を有する者が職員として派遣される見込みがあることその他の当該株式会社及び当該特定経営管理に係る投資事業有限責任組合の業務の適切な運営を確保するために必要な人的体制が整備される見込みがあること。
4．機構の財務の状況に照らし、機構が特定経営管理をしたとしても、当該特定経営管理以外の機構の業務の適切な運営に支障を来すおそれがないと認められること。

備　考
Ⅰ．自己資本当期純利益率
自己資本当期純利益率
$= \dfrac{\text{当期純利益金額}}{\text{自己資本の額}} \times 100$
Ⅱ．総資産減価償却費前営業利益率
総資産減価償却費前営業利益率
$= \dfrac{\text{営業利益}+\text{減価償却費}}{\text{総資産の帳簿価額}} \times 100$
Ⅲ．総資産研究開発費前営業利益率
総資産研究開発費前営業利益率
$= \dfrac{\text{営業利益}+\text{研究開発費}}{\text{総資産の帳簿価額}} \times 100$
Ⅳ．総資産減価償却費前研究開発費前営業利益率
総資産減価償却費前研究開発費前営業利益率
$= \dfrac{\text{営業利益}+\text{減価償却費}+\text{研究開発費}}{\text{総資産の帳簿価額}} \times 100$

なお、総資産減価償却費前研究開発費前営業利益率については、研究開発費に減価償却費が含まれる場合には、当該額を研究開発費から除くものとする。
Ⅴ．有利子負債
有利子負債＝短期借入金＋割引手形＋長期借入金（１年以内に返済予定のものを含む。）＋社債（１年以内に償還予定のものを含む。）

事項索引

【A～Z】
ETIC ······································ 2
GP ································ 28, 37
KPI ···································· 137
LP出資 ··································· 5
REVIC ··································· 2
REVICキャピタル ················ 14
REVICキャピタル株式会社 ········ 40
ROIC ·································· 103

【あ】
エグジット ·························· 115

【か】
回収等停止要請 ····················· 53
買取決定 ······························ 53
買取決定基準 ······················· 75
貸付債権移転対象事業者 ········ 82
観光活性化マザーファンド ········ 6
観光活性化マザーファンド投資
　事業有限責任組合 ············ 96
観光バリューチェーン ··········· 93
観光マザーファンド ·············· 95
関西広域中小企業再生ファンド
　投資事業有限責任組合 ···· 139
官民ファンド ······················· 44
官民ファンドの運営に係るガイ
　ドライン ·························· 15
企業再生支援機構 ··················· 2
企業再生支援機構法 ················ 2
機構手続 ················ 55, 65, 66

共同運営方式 ······················· 38
金融円滑化法 ························· 2
金融支援依頼 ······················· 57
金融モニタリング基本方針 ······ 18,
　　　　　　　　　　　　 31, 89
経営者保証に関するガイドライ
　ン ································ 4, 72
経済合理性 ··························· 59
合弁方式 ······························ 40

【さ】
債権放棄 ······························ 49
再生支援決定基準 ··········· 45, 52
財務健全化基準 ···················· 46
債務者区分の改善 ················· 50
サポーティングオフィス ····· 9, 22
３Ｃ分析 ······························ 33
支援基準適合性 ···················· 59
支援ナレッジの移転 ············· 12
しがぎんファンド ··············· 107
事業再生計画 ······················· 55
事業再生子会社支援業務 ······· 81
事業再生支援 ··················· 26, 45
事業再生ファンド ··············· 138
事業性の評価 ······················· 32
事業用資産 ··························· 56
資産評価税制の適用 ············· 63
出資決定 ······························ 54
処分連動方式 ······················· 58
人材派遣 ··························· 114
青函活性化ファンド ··········· 107

事項索引　181

生産性向上基準·················46	特定経営管理·············3, 26, 36
責任論·····················59	特定経営管理決定基準··········36
専門家派遣··················15	特定支援··················26, 72
ソリューション···············32	特定支援決定基準·············73
存続事業···················56	特定支援・特定債権買取·········5
	特定事業再生支援会社··········28
【た】	特定出資················4, 26, 81
ターンアラウンド（事業再生計	特定出資決定基準·············82
画の遂行）·················54	特定信託···················26
第二会社方式············119, 133	特定信託引受け············3, 79
地域活性化オフィス··········9, 22	特定信託引受決定基準·········80
地域活性化投資事業有限責任組	特定専門家派遣··········3, 26, 85
合·······················95	トリプルファンド············107
地域活性化ファンド············88	
地域金融機関支援型···········106	**【な】**
地域金融機関支援型ファンド·····91	日本再興戦略············5, 13, 92
地域経済活性化支援委員会········8	認定支援機関···············140
地域経済活性化支援機構·········2	
地域ヘルスケア産業支援ファン	**【は】**
ド····················6, 100	ハンズオン·················115
地域ヘルスケア産業支援ファン	ハンズオン型················54
ド投資事業有限責任組合······102	非事業用資産················56
地域包括ケアシステム··········99	非保全プロラタ··············58
着地型ビジネスモデル··········92	ファンド運営業務·············36
中小企業金融円滑化法···········2	不採算事業·················56
中小企業再生支援協議会·····22, 140	プライベート・エクイティファ
中小企業整備基盤機構·········138	ンド·····················90
テーマ型ファンド·············90	プレパッケージ型·········54, 116
撤退事業···················56	プロフェッショナルオフィス···8, 22
デューデリジェンス············50	プロフェッショナル人材の派遣····49
投下資本利益率··············102	北海道オールスターワン投資事
投資事業有限責任組合········28, 37	業有限責任組合·············139
特定組合出資············5, 26, 42	骨太の方針················7, 13
特定組合出資決定基準··········43	

【ま】

無限責任組合員·················28, 37

メザニンファイナンス···············37

面的再生························88

【や】

やまぐち事業維新ファンド投資
　事業有限責任組合···········139

有限責任組合員·················42

【ら】

六次産業化·····················91

【わ】

わかやまファンド················95

REVICによる地域の再生と活性化

平成27年3月10日　第1刷発行

　　　　　　　　　著　者　株式会社地域経済活性化支援機構
　　　　　　　　　発行者　小　田　　徹
　　　　　　　　　印刷所　株式会社日本制作センター

〒160-8520　東京都新宿区南元町19
発 行 所　一般社団法人 金融財政事情研究会
　　　　　編集部　TEL 03(3355)2251　FAX 03(3357)7416
販　売　株式会社きんざい
　　　　　販売受付　TEL 03(3358)2891　FAX 03(3358)0037
　　　　　URL http://www.kinzai.jp/

・本書の内容の一部あるいは全部を無断で複写・複製・転訳載すること、および磁気または光記録媒体、コンピュータネットワーク上等へ入力することは、法律で認められた場合を除き、著作者および出版社の権利の侵害となります。
・落丁・乱丁本はお取替えいたします。定価はカバーに表示してあります。

ISBN978-4-322-12637-2

事業再生支援関連図書

金融機関が行う
経営改善支援マニュアル【改訂版】

日本政策金融公庫中小企業事業本部企業支援部 ［著］

Ａ５判・308頁・定価（本体2,800円＋税）

金融機関が行う
私的整理による事業再生の実務

日本政策金融公庫中小企業事業本部企業支援部 ［著］

Ａ５判・224頁・定価（本体2,200円＋税）

DES・DDSの実務【第3版】

藤原総一郎［編著］／山崎良太・稲生隆浩［著］

Ａ５判・280頁・定価（本体2,600円＋税）

銀行窓口の法務対策4500講［Ⅴ］
回収・担保権の実行・事業再生編

畑中龍太郎・中務嗣治郎・神田秀樹・深山卓也［監修］

Ａ５判・上製・1,376頁・定価（本体8,000円＋税）

KINZAIバリュー叢書
ゼロからわかる事業再生

松嶋英機［編著］／横山兼太郎［著］

四六判・232頁・定価（本体1,200円＋税）